陪宝宝玩到入园

0～3岁 亲子早教游戏指导手册

Pei bao
bao wan
dao ru yuan

杨霞 编著

四川科学技术出版社

如何使用本书

本书紧紧抓住0～3岁宝宝大脑发育迅速的宝贵时机，及时在各种敏感期内，为宝宝提供丰富、科学、适宜的刺激，促进其全面协调地发展，为其终生发展和人生成功打下坚实的智力和非智力基础。

本书将0～3岁细分为12个阶段，根据每一个阶段宝宝的发育特点，及时在各种敏感期内，给予宝宝丰富、科学、适宜的刺激，全力提升宝宝的智商和情商。

清晰详细的游戏步骤，让家长一目了然。

为充分发挥游戏的功能，达到最佳的游戏效果，实现最优的早期教育的目的，早教专家给出了恰到好处的指导，事半功倍。

宝宝的教育不只是妈妈的事情，本书中许多游戏需要爸爸参与完成，相信爸爸参与早教，会更利于宝宝身心健康发展。

同一年龄段的宝宝，发育水平是不一样的。对一些能力超前的宝宝，可以有选择地进行此类游戏，以使宝宝的优点更优。

游戏目的多元化，同一个游戏，可以发展宝宝的多种能力，实用性强。

游戏内容涉及感觉、知觉、观察、记忆、数学、思维、语言、运动、音乐、美术、性格、习惯等方面，以培养全面和谐发展的宝宝。

配有大量手绘插图，使游戏内容更加直观，操作性强。

书中的600多个游戏方案，出自有着10年幼教经验的一线工作者，科学性强。

丰富的素材，趣味性强，寓教于乐，向枯燥的说教说"拜拜"！

目录

第1章

0～2个月
亲子早教游戏

第2章

3～5个月
亲子早教游戏

第3章

6~8个月 亲子早教游戏

第4章

9~12个月 亲子早教游戏

第5章

1岁1个月～1岁3个月
亲子早教游戏

第6章

1岁4个月～1岁6个月
亲子早教游戏

第7章

1岁7个月~1岁9个月
亲子早教游戏

第8章

1岁10个月～2岁
亲子早教游戏

第9章

2岁1个月~2岁3个月
亲子早教游戏

第10章

2岁4个月～2岁6个月亲子早教游戏

第11章

2岁7个月～2岁9个月
亲子早教游戏

第12章

2岁10个月～3岁
亲子早教游戏

第1章

0～2个月亲子早教游戏

感觉游戏 GANJUE YOUXI

黑了，亮了

● **游戏目的**

发展宝宝对光亮的反应能力。

● **游戏准备**

宝宝平躺在床上，精神状态良好。

● **游戏步骤**

1. 把卧室窗帘拉下来，使光线稍微暗下来。

2. 关灯一分钟，然后再开灯一分钟。

3. 连续做5次，共10分钟算是一个完整的游戏过程。

● **爱心提示**

通常，当把灯关掉的时候，宝宝先会安静几秒钟，随后会感到很害怕，就会想哭泣。这时大人可以轻轻拍拍宝宝，让宝宝知道大人就在旁边。一分钟后打开灯，因为灯光会让宝宝感到有安全感，所以会很快安静下来。如此反复几次，宝宝就不会对黑暗那么害怕，因为他知道一会儿就会亮起来。

> **早教指南**
>
> 宝宝的视觉并不是生来就很敏锐的，而是需要科学的训练与培养。刚出生的宝宝视觉很差，只对光线的"明"与"暗"有感觉。对明暗的反应是宝宝视觉发育的开端。通过视觉游戏加以训练，能让宝宝看得更远、看得更清、看得更多。

感觉游戏 GANJUE YOUXI

看画片

● **游戏目的**

让宝宝学习凝视，以培养宝宝对图像的记忆和分辨等能力。

● **游戏准备**

用15厘米×20厘米的硬纸板制作黑白画片，可以画些人脸、条纹、同心圆或棋盘等。

● **游戏步骤**

1. 妈妈将画片置于宝宝眼前20～30厘米处，让宝宝观看。

2. 当看到宝宝将视线移开时，更换下一张画片。

3. 看3幅画片即可休息。

> **早教指南**
>
> 新生的小宝宝，由于通过眼睛接收视觉信息的视觉神经细胞还没有发育成熟，看到的只是光和影。他们视线的最佳距离在20～38厘米之间，也就是说，宝宝吃奶时刚好看到妈妈的脸。所以，在玩此类游戏时，玩具离宝宝的距离不能超过38厘米。

感觉游戏　GANJUE YOUXI

跟着指偶动动眼

● **游戏目的**

锻炼宝宝的视觉，开发宝宝的智力。

● **游戏准备**

一个指偶。

● **游戏步骤**

1. 在食指上套一个指偶，摇晃手指让它晃动，并叫着宝宝的名字。

2. 让指偶上下移动，看宝宝的视线是否能跟着移动。

● **爱心提示**

宝宝听到大人叫他的名字时，会去看大人，这时大人要让指偶轻轻晃动。可是宝宝并不会把注意力转移到指偶上，所以大人必须用各种夸张动作，让宝宝去注意这个指偶。当宝宝看着指偶时，大人摇摆指偶，宝宝的视线也会跟着移动。游戏一段时间应休息一下，避免宝宝用眼过度。

早教指南

有效的视觉训练能够提升宝宝的智能发展指数。利用更为完善的视觉功能和技巧，宝宝可以感知、接受、加工更多的信息，大脑皮层形成更多的视觉记忆，从而促进大脑的发育，提升智力水平。

感觉游戏　GANJUE YOUXI

转转真好玩

● **游戏目的**

锻炼宝宝平衡感，发展宝宝手眼配合能力。

● **游戏准备**

宝宝精神状态良好时，在家中空地上。

● **游戏步骤**

1. 妈妈抱着宝宝向不同方向转动，转圈时抱住宝宝并支撑住宝宝头部。

2. 可以让宝宝背部朝向妈妈，也可以让宝宝脸朝向妈妈。

3. 转圈的同时哼唱自己所熟悉的歌谣，如《小燕子》《丢手绢》等。

早教指南

这个游戏会让宝宝面对不同的视觉领域，有利于发展宝宝手眼配合能力和平衡感，为爬行和行走创造条件。游戏过程中，注意旋转速度要缓慢，以防宝宝眩晕。要仔细观察宝宝的反应，如果宝宝感到不适，应立即停止。

小小斗牛士

● **游戏目的**

提高宝宝视觉能力，让宝宝感知红色。

● **游戏准备**

一块手帕大小的红色绒布。

● **游戏步骤**

1.妈妈哼唱《斗牛士》乐曲，拿出红色绒布，在宝宝面前展示。

2.随着旋律舞动手中的红色绒布，并配合节奏随机变换绒布位置。

3.突然加重旋律的尾音，然后把绒布藏在身后。

4.反复做两三次。

早教指南

最好选择红色绒布，因为宝宝对红色特别敏感，而且绒布的质感较强且不易反光，不会伤害宝宝的眼睛。宝宝对红色有偏好，如果宝宝的目光能随着红布移动，表明宝宝已经出现"追视反应"。不要通过MP3等播放《斗牛士》，因为节奏较快，此种乐曲容易给宝宝造成精神压力。

宝宝按摩操

● **游戏目的**

增进触觉发育和身体感知能力；增强亲子间的情感联系。

● **游戏准备**

在宝宝睡醒或换尿布时，妈妈可以给宝宝做做按摩操。

● **游戏步骤**

1.妈妈将双手搓热，轻轻地从上至下按摩宝宝的四肢、胸腹和后背，注意动作要轻柔。

2.轻唤宝宝的名字，告诉他你在做什么，或为他念一段朗朗上口的童谣。

早教指南

经常给宝宝按摩可以刺激宝宝的脑神经，从而促进宝宝发育。还可以使宝宝感到舒适和愉快，同时还可促进宝宝的血液循环。这种按摩每天可以进行5～6次，每次3～5分钟。如果室内温度较低，可以给宝宝盖上一层薄被，隔着薄被进行按摩，以免宝宝着凉。

感觉游戏 GANJUE YOUXI

我的小手会敲鼓

● **游戏目的**

锻炼宝宝手指及手腕的活动能力和肌肉强度，并帮助宝宝感受声音节奏。

● **游戏准备**

拨浪鼓一个（其他易抓握的敲击玩具也可）。

● **游戏步骤**

1.在宝宝面前拿起拨浪鼓，轻轻摇晃几下发出"咚咚"的声音，吸引宝宝注意。

2.拿起宝宝的小手，帮助他抓握住拨浪鼓，一边摇晃，一边说儿歌："拨浪鼓，咚咚响，宝宝敲，宝宝笑。"

3.妈妈说到"咚咚响"时，轻轻摇晃拨浪鼓，然后停顿一下，说："宝宝敲，宝宝笑。"注视着宝宝，逗宝宝笑。

4.在宝宝眼前、背后、左侧、右侧发出声音，让宝宝朝妈妈发出声音的地方转过头去，当宝宝对声音反应越来越敏感时，听觉就会有所发展。

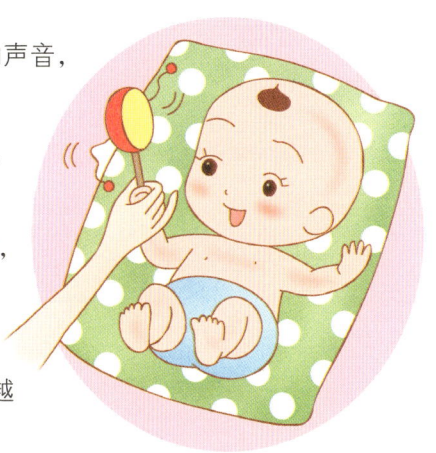

早教指南

给宝宝创造安全舒适的生理和心理环境，让宝宝感觉到自己的家是温暖的，是充满爱的，这样宝宝就会学着接受爱，并付出自己的爱，形成善良、热情、开朗的好品格。

后天生活环境很重要，特别是社会生活条件。良好的生活环境、教养条件是促进宝宝智能发育的重要因素。在一些发展中国家，孩子智力发育迟缓率较高，除疾病因素外，主要与父母文化程度低，不知如何教育孩子有关。智能一般的宝宝如果能接受良好教育，就可以充分发掘他们潜在的能力，将来有可能做出一番事业。相反，有些宝宝本来智能很高，但由于得不到进一步的培养、教育和引导，将来则可能表现平平。此外，有些疾病虽不影响大脑发育，但使得宝宝不活泼、不好动或者不得不卧床休息，此时，如果父母不注意智能培养，就会减少宝宝接受良好教育的机会，也会影响宝宝情绪，以及他吸收加工信息的主动性。

感觉游戏 GANJUE YOUXI

宝宝坐轮船

● **游戏目的**

发展宝宝的触觉和平衡能力。

● **游戏准备**

在宝宝精神状态较好且空腹时，妈妈平躺在床上，将宝宝两臂屈曲于胸前方，舒服地俯卧在妈妈的腹部。

● **游戏步骤**

1. 妈妈把双手放在宝宝脊背上轻轻按摩，帮助宝宝放松。

2. 慢慢进行深呼吸，使腹部稍有起伏，并说："宝宝坐轮船喽！"让宝宝感受到妈妈身体的缓慢运动。

3. 用手指轻触宝宝的后背，让宝宝进一步与妈妈的身体接触。还可以唱儿歌："小宝宝，坐轮船，左颠颠，右颠颠，晃晃悠悠真舒坦，宝宝玩起没个完。"

4. 反复做两三次。

早教指南

身体接触不但可以帮助宝宝认识世界，提高他们探索世界的欲望，而且也是家长与宝宝建立起良好依恋关系的重要前提。而良好依恋关系的建立则有助于宝宝日后良好社会交往关系的建立。

语言游戏 YUYAN YOUXI

宝宝学说话

● **游戏目的**

引导宝宝模仿发出1～2个元音，如a、o等。

● **游戏准备**

宝宝睡醒后，逗一逗宝宝，让他活跃起来。

● **游戏步骤**

1. 妈妈面对宝宝，做张口、吐舌的发音动作，引导宝宝发出单个元音，如a、o等。大人的口形要略为夸张，音要拉长，便于宝宝模仿。

2. 当宝宝能发出清晰的声音时，用录音设备录下，然后在宝宝清醒时播放，以引导宝宝更清晰地发出声音。

早教指南

如果宝宝因为发不出音而着急，妈妈可以做个鬼脸逗宝宝笑，然后再继续游戏。通过训练，有的宝宝在2个月的时候，就能发出1～2个元音。

语言游戏 YUYAN YOUXI

宝宝学唱歌

● 游戏目的

提高宝宝"说话"的热情，提高宝宝对节奏的敏感度。

● 游戏准备

宝宝精神状态好的时候，妈妈与宝宝面对面，视线相对。

● 游戏步骤

1. 妈妈自编简单小曲调，"咿咿——咿咿咿——咿——"反复唱给宝宝听。

2. 放慢速度，引导宝宝学着发出"咿咿——咿咿咿——咿——"的声音。

3. 宝宝发对一个声音，就亲一下宝宝，给宝宝一个鼓励。

4. 附和着宝宝的曲调与宝宝一起"唱歌"。

早教指南

这个时期的宝宝虽然还不能说话，但是已经能够发出一些短音，同他"交流"，可刺激宝宝说话的兴趣。另外，妈妈在说话时尽量看着宝宝的眼睛，带着笑容慢慢地说。越慢，宝宝也就越容易接受。

千万不要以为宝宝的语言能力是无师自通的。其实，宝宝每天都在留意大人发出的各种声音。所以聪明的妈妈要给宝宝丰富的"学习"材料，帮助他更快地开口说话。

语言游戏 YUYAN YOUXI

开心谈话

● 游戏目的

妈妈经常开心地跟宝宝说话，会让宝宝从小就有开朗的性格，同时奠定语言的基础。

● 游戏准备

宝宝醒来，与他面对面相视，大约相距30厘米的距离。

● 游戏步骤

1. 妈妈用温暖、关爱的目光看着宝宝，轻轻呼唤他的名字，或叫他"宝宝"。

2. 妈妈用轻快的声音跟宝宝说话，不断地跟宝宝说些快乐的事情。语速尽量放慢，稍微提高音调。

早教指南

宝宝学说话是从听开始的。父母应该当个解说员，随时解说你正在做的事情。注意语速要慢，要用重复语言进行刺激，这样，宝宝的听觉就慢慢发展起来，为以后的说话打下基础。

语言游戏 YUYAN YOUXI

玩具"说话"

- **游戏目的**

锻炼宝宝的听觉能力，为宝宝开口说话打下基础。

- **游戏准备**

做这项游戏要有一段安静的时间。准备好不同大小、不同尺寸、不同质地的各种填充动物玩具，摆放在宝宝床边。

- **游戏步骤**

1. 在宝宝的面前一边晃动玩具一边说，"嗨，宝宝""你好吗？"等。这时宝宝会感到很高兴。

2. 在晃动玩具说话时，要根据不同的动物玩具变换说话的声音、声调，以给宝宝倾听不同声音的机会。如果拿着的是小鸟，就用细细的嗓音说；如果拿着的是小猪，就用闷闷的声音说。宝宝会很高兴听到各种变化的语言和语调。

早教指南

因为父母用药不当等原因造成先天性耳聋的宝宝不在少数，所以，宝宝出生后要及时做听力检查。一般来说，宝宝出生5天后就可以查出听力情况。专家建议，最好在出生一个月左右时带宝宝到医院做听力筛查，如发现是先天性耳聋就可以及早采取措施。先天性耳聋的宝宝在3岁以前做电子耳蜗，听力基本可以恢复到正常水平。

运动游戏 YUNDONG YOUXI

盘过来，盘过去

- **游戏目的**

躯干运动练习，使宝宝的肌肉、骨骼、关节、筋腱得到良好锻炼。

- **游戏准备**

柔软、整洁的床或地板。

- **游戏步骤**

1. 握住宝宝同侧脚踝和大腿盘向另一条腿。不用担心弄伤宝宝，宝宝的小屁股和身体会跟着动。

2. 回复到宝宝初始姿势。

3. 换另一条腿向相反方向重复做，边做边说："两个小家伙，看看谁会盘，你会盘，我会盘，我们两个盘过来。"

早教指南

经常坚持四肢屈伸运动，可以使宝宝的肌肉、骨骼、关节、筋腱得到良好锻炼。平时，妈妈也可以每次换过尿布后，让宝宝躺在松软的地方，然后慢慢把宝宝翻过来，再翻过去，重复几次，让宝宝体验翻身的乐趣——和妈妈在一起，总是这么开心！

游戏时多和宝宝说话，这也是提高宝宝语言能力的最好方法。

运动游戏 YUNDONG YOUXI

妈妈哪儿去了

● **游戏目的**

锻炼宝宝颈部肌肉。

● **游戏准备**

把宝宝放在柔软的小床上，舒服地仰卧。

● **游戏步骤**

1.妈妈俯身面对宝宝，与宝宝视线相对。

2.妈妈慢慢转身，移动到宝宝的一侧，一边移动一边说："妈妈呢？妈妈在哪儿呢？"

3.慢慢移回到宝宝视线之内，一边移动一边说："妈妈呢？妈妈在这儿呢！"

4.左右两侧反复两三次。

> **早教指南**
>
> 当宝宝颈部肌肉和骨骼发育基本完成后，能够支撑头部和自由转动时，就可以玩这种游戏。这种游戏还能够培养宝宝对父母的依赖感。对爸爸妈妈的强烈依赖感能够对宝宝起到保护作用，帮助成长中的宝宝承受日常生活压力。
>
> 游戏时要注意，宝宝极易疲劳，游戏时间不要太长，每次两三遍即可。妈妈移动的角度不要太大，因为宝宝转头能力还很弱，可以根据宝宝情况，稍稍大于宝宝能转动的角度即可。转动速度也不要太快。

运动游戏 YUNDONG YOUXI

小手摆啊摆

● **游戏目的**

锻炼手部机能，在锻炼过程中促进小肌肉和运动智能的发展，进而促进人的整体智慧的发展。

● **游戏准备**

宝宝睡醒后，让他舒适地平躺在妈妈身上。

● **游戏步骤**

1.妈妈举起宝宝的两只手，在其视线正前方晃动几下，引起宝宝注意。

2.一边轻轻拍动、摆动宝宝小手，让宝宝的视线追随手的运动，一边念儿歌："小手小手摇一摇，小手小手摆一摆，小手小手跑得快。"

3.念到"跑得快"时，以稍快的速度将宝宝的双手平放到身体两侧。

> **早教指南**
>
> 手和心智发展是相互促进的，手在锻炼过程中不仅能促进小肌肉和运动智能发展，也能促进人整体智慧发展。游戏过程中，妈妈要注意以下几点：妈妈的服装要柔软，最好不要有扣子，以免划伤宝宝或给宝宝造成不适；玩的时间不要长，要以宝宝开心、舒适为度，每次重复两三次即可；宝宝烦躁或有不舒服表示，应该及时调整或停止游戏。

运动游戏 YUNDONG YOUXI

小淘气，踢球球

● **游戏目的**

锻炼宝宝腿部力量。

● **游戏准备**

充气塑料彩球一个（其他类似的充气玩具也可）。

● **游戏步骤**

1.用结实的线把彩球挂在婴儿床上方，使宝宝抬起脚刚刚能够碰到。

2.轻轻抓住宝宝一只小脚丫，抬起来，踢一下彩球，对宝宝说："小淘气，踢球球，球球撞到脚丫上。"

3.宝宝踢到球后，妈妈要亲亲宝宝的小脚，鼓励宝宝。

4.左右脚轮流踢，也可以抓住宝宝的两只脚同时踢。

早教指南

0～1岁是宝宝的运动发育敏感期，其腿部肌肉、骨骼会得到良好发展，为宝宝日后活动范围扩大奠定良好基础。皮球游戏在宝宝成长过程中是非常重要的一项内容，无论是踢球、追球还是拍球，对宝宝运动能力的提高和左右脑发育都起着重要作用。游戏进行时，妈妈要注意选择的球不要太大，颜色要鲜艳，最好是单色。要控制好球的晃动幅度，以免宝宝视线跟不上，从而影响积极性。此外，妈妈也要多和宝宝进行目光交流，语气要活泼，动作要轻柔。

运动游戏 YUNDONG YOUXI

宝宝抬抬头

● **游戏目的**

训练宝宝颈部力量，可以让宝宝尽早把头竖起来，可以扩大宝宝的视野，促进宝宝的智能发育。

● **游戏准备**

小铃铛。

● **游戏步骤**

1.使宝宝俯卧，两臂屈肘于胸前。

2.妈妈用一只手轻轻摇响小铃铛，吸引宝宝抬头去看。

3.妈妈用另一只手扶起宝宝的额部，或是轻轻托起宝宝的下巴，给他一点帮助。

4.进行一两分钟后停止，让宝宝仰卧休息。

早教指南

一个多月时，宝宝不论是仰卧或俯卧，都会把头转向偏好的一边，而且会弯曲四肢以贴近身体。但他的颈部肌肉不太有力，除非有支撑，否则头总是会下垂。

音乐游戏 YINYUE YOUXI

小小舞蹈家

趣味游戏 QUWEI YOUXI

条件反射笑笑笑

● 游戏目的

锻炼宝宝四肢，提高宝宝的艺术感受力。

● 游戏准备

选择节奏感稍强又不太激烈的乐曲。

● 游戏步骤

1.当宝宝清醒时，播放乐曲，吸引宝宝注意，妈妈随着节奏轻轻哼唱旋律。

2.在宝宝面前举起双手，随着节奏摆动。

3.慢慢举起宝宝的小手或小脚，随着节奏摆动。

早教指南

0～1岁是人生起步阶段，这一时期的主要任务是培养宝宝对音乐的感知力和领悟力，让宝宝爱上音乐。日本0岁教育学家七田真说过："幼儿音乐教育有两个重要功能，其一是气质的养成，其二是智慧的提升。"宝宝经常聆听优美音乐，感受音乐所富有的旋律和节奏，会自然地把这些感受纳入到个体头脑中，使个体自然地流露出优美韵律。

给宝宝听音乐，有很多需要注意的地方：不要给宝宝听立体音乐，因为立体声进入耳道后，没有缓和、回旋余地，会直接刺激宝宝的听觉器官，对宝宝听力造成一定损伤；播放音乐时间不要过长，每次3～5分钟即可，防止宝宝疲劳；不要一天到晚不停地放音乐；让宝宝听音乐，每天应该有固定时间段，听2～3次，不间断地刺激就会失去意义。

● 游戏目的

宝宝越早学会逗笑就越聪明。这个游戏的目的是养成宝宝逗笑的条件反射。

● 游戏准备

宝宝清醒状态下进行。

● 游戏步骤

1.爸爸妈妈抱着宝宝，挠挠他的身体，摸摸他的脸蛋，用愉快的声音、表情和动作去感染宝宝。

2.宝宝的目光渐渐变得柔和，而不是像开始时那样紧张。他的眼角会出现细小的皱纹，嘴角微微向上，露出欢快的笑容。

3.等宝宝大一点，爸爸妈妈可以拿玩具引逗宝宝，或者把宝宝抱坐在腿上颠动来逗笑。

早教指南

逗笑一般出现在宝宝出生后14～21天，个别宝宝会早些或迟些。生活在快乐环境下的宝宝会笑得早一些。爱笑的宝宝招人喜欢，容易获得朋友和得到支持，将来会生活得更加幸福。

0～2个月宝宝智能档案

感知觉	运动	语言	社会交往	情绪反应
★对亮光和黑暗有反应，眼球的运动不协调，在视线范围内能注视物体 ★听见声音时活动增加并凝视，对苦味和酸味表示拒绝 ★对压力、冷、热有反应 ★存在下列反射：拥抱反射、颈部紧张反射并能伸舌、吸吮、吞咽、咳嗽、呵欠、喷嚏、眨眼 ★当环状玩具或带柄的玩具出现在宝宝的视线范围内时，宝宝能转过头来注视玩具或大人拿玩具的手	★趴着时，宝宝可以挣扎地抬起头并向四周张望，下颌能逐渐离开床面5～7厘米，但抬头时间只有1～2秒，之后头就会垂下来 ★用带柄的玩具碰手掌时，宝宝能握住玩具柄两三秒钟 ★把环状玩具放在手中，宝宝的小手能短暂地举起环状玩具	★偶尔能发出类似"a""o""e"等的元音，有时还能发出咕咕声或嘟嘟声 ★大人对宝宝讲话时，宝宝能集中注意力，有时还能发音回应 ★当和宝宝讲话时，如果大人升高音调、减慢发音速度、加重某些音节或眼睛和嘴比平时大，都会引起宝宝的注意，甚至能够使宝宝微笑	★当有人逗宝宝时，宝宝会做出一定反应，如发声、微笑、手脚胡乱挥动等 ★宝宝有时能短暂地看着妈妈的脸 ★除了妈妈外，宝宝会对其他人，如爸爸或兄姐微笑	★自己会表示苦恼、兴奋、高兴，并能以吸吮方式使自己安静下来 ★会清醒地直视人，而兴奋时摆手、腿、喘气、发出声音 ★宝宝视线随着移动的人转，开始喜欢看立体的而不喜欢平面（如图画）人的头部 ★最重要的刺激仍是抚摸宝宝、与宝宝说话。如果有人和宝宝玩，会醒得久些，可能会为人"表演一番" ★喜欢洗澡，给宝宝洗澡可使其保持良好的情绪

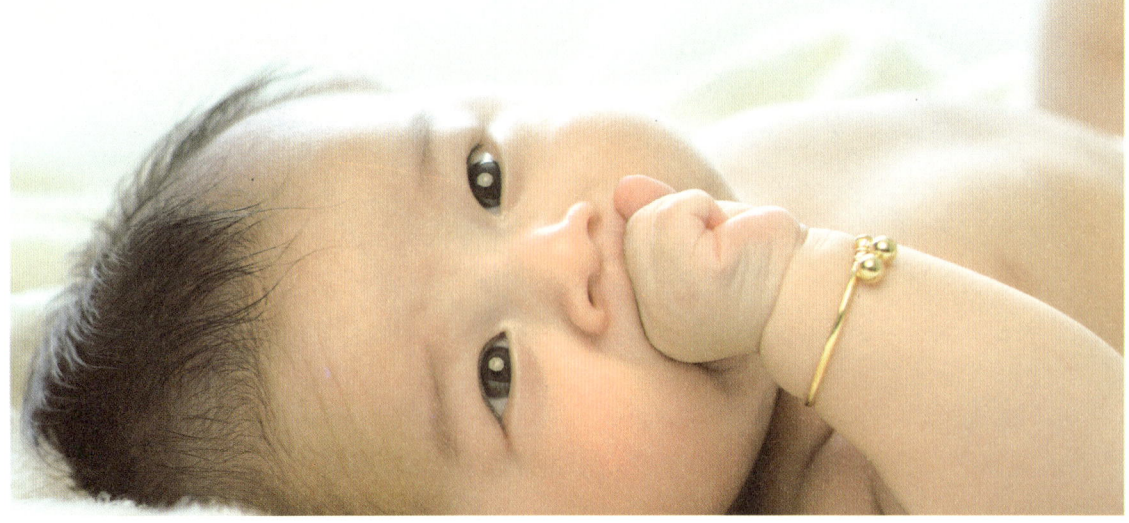

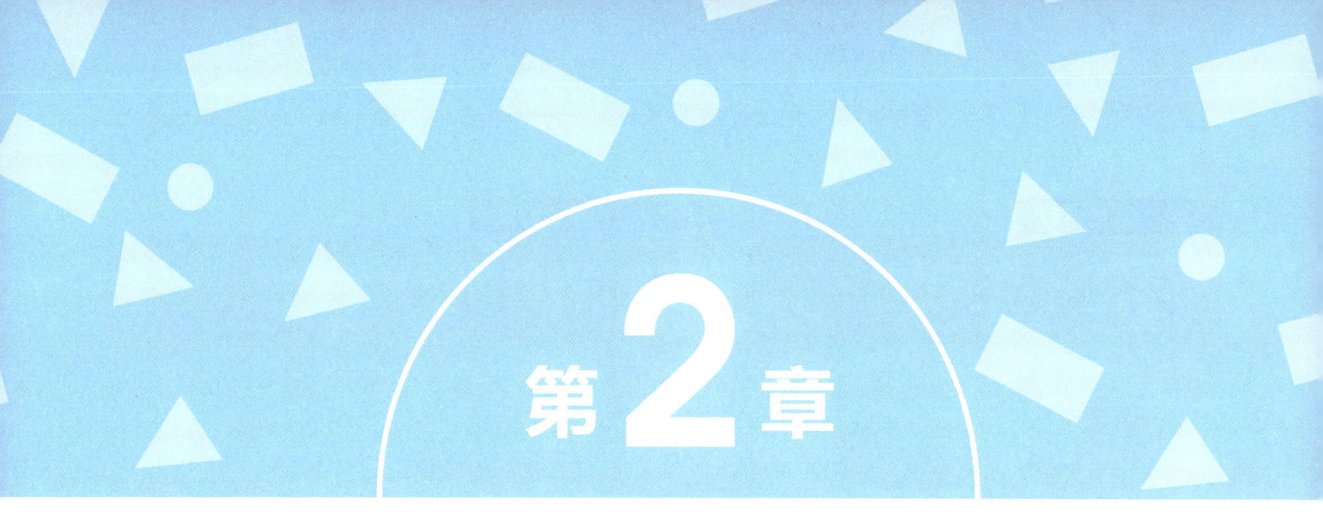

第2章

3～5个月亲子早教游戏

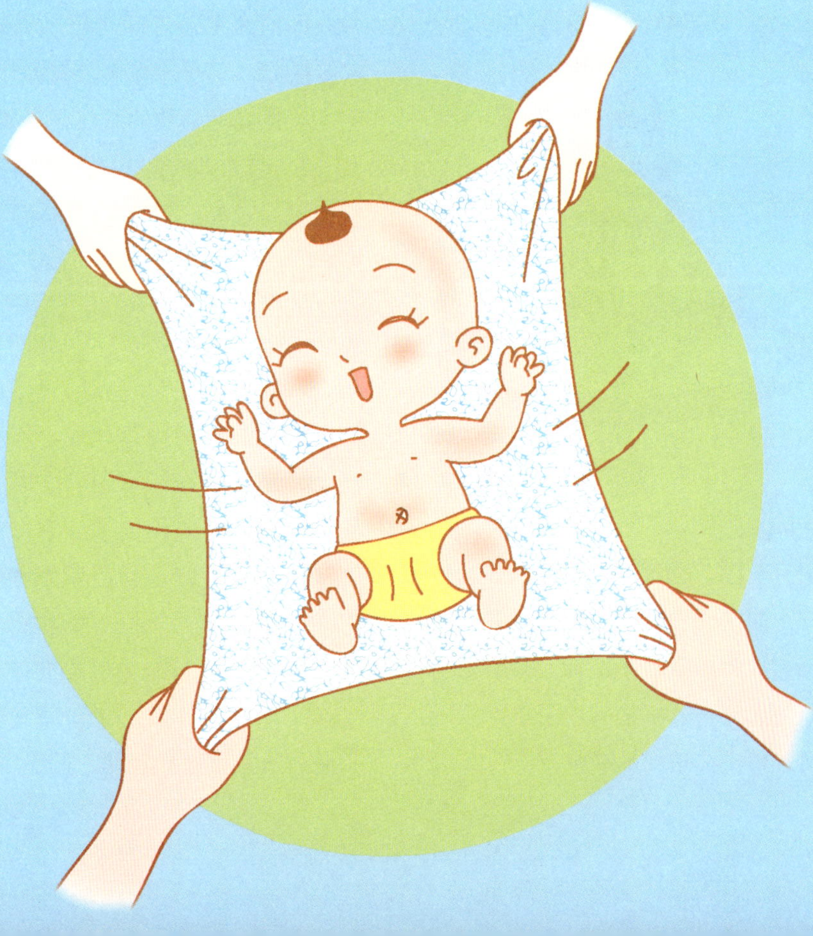

感觉游戏 GANJUE YOUXI

有趣的手指操

● **游戏目的**

发展宝宝手指上的触觉，并且练习让宝宝的五个手指放松与张开。

● **游戏准备**

宝宝睡醒或刚洗完澡情绪良好时。

● **游戏步骤**

1. 妈妈用自己的大拇指和食指轻轻地抚摸揉捏宝宝的每一根手指和脚趾。

2. 一边捏，一边给宝宝唱儿歌："大拇哥，二拇哥，中辄辘，四小弟，五小妞，爱看戏。"

早教指南

研究表明，稳定的触觉经验会让宝宝产生愉悦的情绪，感觉安定，所以家长有机会就要多抱抱他、拍拍他或给他做按摩，这样将有助于稳定宝宝情绪及增进亲子间的联系。

感觉游戏 GANJUE YOUXI

纸飞机

● **游戏目的**

锻炼宝宝的视觉反应，锻炼宝宝的注意力。

● **游戏准备**

用彩纸折几个纸飞机，彩纸颜色尽可能鲜艳，色彩对比要强烈。

● **游戏步骤**

1. 拿起红色纸飞机，展示给宝宝，告诉宝宝："这是红飞机。"

2. 将纸飞机轻轻抛向前方，吸引宝宝注意。

3. 问宝宝："红飞机飞到哪儿去了？"让宝宝指指看，"啊，红飞机在那儿呢。"

4. 换其他颜色的纸飞机重复上述步骤。

5. 也可以把纸飞机放在宝宝手中，帮助他把飞机抛向远处，宝宝的参与感会更强，也会更有兴致。这样做可以锻炼他的手眼协调能力。

早教指南

让宝宝的视觉追随纸飞机飞行路线，可以锻炼宝宝的视觉反应，发展其对空间的认知，还能提高注意力。注意力是学习和观察的基础，培养和发展注意力的意义在于帮助宝宝将来更好地适应紧张的学习。游戏时，妈妈要注意，飞机不要抛得太远，速度也不要过快，否则不利于宝宝追视。抛飞机的动作不要太大，以免干扰宝宝，从而忽视了观察纸飞机的飞行路线。

小小触摸球

● **游戏目的**

促进宝宝触觉发育，发展宝宝智力。

● **游戏准备**

一个直径 10 厘米左右、表面有突起的小触摸球。

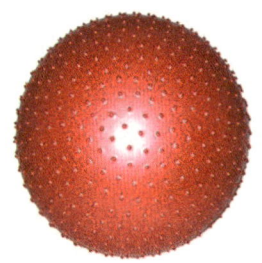

● **游戏步骤**

1. 在宝宝刚睡醒或他心情愉悦时，妈妈先用自己温暖的手为宝宝做抚摸。

2. 然后用小球轻轻地在宝宝的身体上滚动，尤其是他的手指、脚趾。

早教指南

宝宝的触觉非常发达，身体各个部位受到刺激都会做出反应。刚开始，妈妈温暖的抚摸会让宝宝感到舒适。然后用触摸球抚摸，一开始，宝宝或许会很紧张，但是因为有妈妈的抚摸做铺垫，宝宝会很快感受到这也是一种舒服的抚摸，从而放松身体。

摇啊摇，不倒翁

● **游戏目的**

训练宝宝视力，开发宝宝的智力。

● **游戏准备**

不倒翁玩具 1 个。

● **游戏步骤**

1. 妈妈坐在地垫上，宝宝坐在妈妈的身上，背靠妈妈胸部。

2. 在离宝宝 30 厘米的地垫上放一个不倒翁玩具，妈妈拨动不倒翁，使它摇晃起来。

3. 引导宝宝注意不倒翁的晃动。

早教指南

这个阶段的宝宝视觉发展还不完善，能看清楚的距离很短，所以他会配合其他感觉系统对外部变化做出反应。所以，父母在抱着宝宝的时候，可以多看看宝宝，多摸摸他们的脸，多跟他们说说话，这样宝宝可以循着父母脸孔的外轮廓，配合着听觉、嗅觉、触觉来认人。

感觉游戏 GANJUE YOUXI

快乐吊床

- **游戏目的**

  锻炼宝宝平衡能力，感觉空间变化。

- **游戏准备**

  浴巾或小被子一条。

- **游戏步骤**

  1.洗完澡后，让宝宝仰卧在长方形浴巾或小被子上，爸爸妈妈分别抓住浴巾四个角，让浴巾离开床面30～40厘米高。

  2.爸爸妈妈同时缓缓左右摇晃浴巾，一边摇一边说："摇摇晃晃，摇摇晃晃，摇摇躺着的小宝宝。"宝宝很喜欢这样的游戏，会开心地咯咯笑。

  3.摇半分钟后，把宝宝放到床上，让宝宝休息一会儿，再继续游戏。

早教指南

这个游戏可以促进宝宝前庭发展，对宝宝小脑发育非常有利；还可以锻炼宝宝平衡能力，帮助宝宝感觉空间变化。不仅可以帮助宝宝认识世界，增强他们探索世界的欲望，良好的亲子依恋关系更有助于宝宝日后良好社会交往关系的建立。游戏时，爸爸妈妈要注意，游戏幅度要从小到大，以不让宝宝感到害怕为宜，游戏时间不要太长，以免引起宝宝疲劳。

感觉游戏 GANJUE YOUXI

开合窗帘

- **游戏目的**

  锻炼宝宝对光线刺激的适应能力，提高宝宝的视觉反应能力，同时还可以锻炼宝宝的动作反应能力。

- **游戏准备**

  先把室内光线逐渐调亮，让宝宝适应光线。

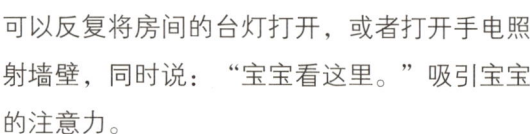

- **游戏步骤**

  1.将房间的窗帘反复开合几次，也可以反复将房间的台灯打开，或者打开手电照射墙壁，同时说："宝宝看这里。"吸引宝宝的注意力。

  2.看看宝宝是否将头轻轻转向光线的方向。

早教指南

大脑的发育与视觉的发育是密不可分的。人是靠各种感官功能从外界摄取信息供大脑加工、处理、储存，进而又不断促使大脑向更高级形式发展的，而信息的摄取83%来自视觉系统。有效的视觉刺激能极大提升宝宝的视敏度，让宝宝更清晰、精确地接受外界的信息与刺激，促进脑部发育。

语言游戏 YUYAN YOUXI

铃儿响叮当

● **游戏目的**

锻炼宝宝的听力，以及脖子的扭动力。

● **游戏准备**

一个摇铃。

● **游戏步骤**

1. 将宝宝抱在妈妈身上，用一个声音柔和或美妙清脆的摇铃在宝宝头部的左侧或右侧轻轻摇动，观察宝宝的反应。

2. 当宝宝转过头来找声音的来源时，把摇铃换到宝宝的另外一边，躲避宝宝的视线。

3. 反复几次后，让宝宝发现摇铃。摇动摇铃发出有节奏的声音，让宝宝听，并和宝宝一起手舞足蹈起来。

早教指南

俗话说"十聋九哑"，可见，语言发展过程中，最主要的刺激因素就是听觉刺激。等到宝宝能听辨声音的方向时，他就有了听觉选择。

语言游戏 YUYAN YOUXI

"哇哇哇！"

● **游戏目的**

引导宝宝连续而有节奏地发音，初步感知声音。

● **游戏准备**

一张洁净的薄纸。

● **游戏步骤**

1. 妈妈先用手在自己的嘴上拍，发出哇哇的声音，然后拿着宝宝的小手在他的嘴上拍。

2. 当宝宝发出哇哇声时，妈妈拿出薄纸放在他的嘴前，通过观察纸张的振动，引导宝宝感知声音。

早教指南

如果宝宝不能发出哇哇的声音，大人可以发音，让宝宝看着你的口形。拍打宝宝嘴巴的时候，大人要引导性地发出哇哇的声音，示范给宝宝看。最后，大人把纸放到宝宝嘴前，让他看到由自己的声音而引起了纸的振动，从而能更好地感知声音。

语言游戏 YUYAN YOUXI

和妈妈对话

● **游戏目的**

培养宝宝与人说话的兴趣，为以后开口说话打下基础。

● **游戏准备**

宝宝睡醒后，逗一逗宝宝，让他活跃起来。

● **游戏步骤**

1. 妈妈用夸张的口形同宝宝说话，引导宝宝也发出声音回应妈妈。

2. 这时的宝宝喜欢说双元音，如"咿咿""呀呀""嘿嘿""哦哦"等，或者拉长一个元音"啊——"。妈妈要学会翻译宝宝的语言，比如，接宝宝的话茬："宝宝在说……吗？"

早教指南

宝宝从小就喜欢同人对话是语言发展的良好开始。宝宝在独处时也会自己发音自娱，或者对着玩具说话。妈妈和宝宝对话的时候，宝宝发一个音，妈妈要发一个比宝宝清晰的音来回答，这样宝宝就会慢慢纠正自己的发音。

这个游戏会为宝宝以后早日开口说话做准备，如果从来不练习与宝宝说话，宝宝甚至到了 14～16 个月也不会称呼爸爸妈妈。

运动游戏 YUNDONG YOUXI

宝宝翻身

● **游戏目的**

锻炼宝宝肌肉力量，帮助宝宝尽早翻身。

● **游戏准备**

宝宝仰躺在床上或者地毯上。

● **游戏步骤**

1. 妈妈在宝宝的侧面，用双手轻轻地推滚他的身体，"滚过来滚过去，宝宝翻身啦！"宝宝会开心地发笑。

2. 然后抓住宝宝的双脚，提右脚朝前横跨过左脚，触及床或着地，使宝宝的身体慢慢跟着翻过去。

3. 之后让宝宝侧身，然后转身成趴的姿势。

4. 朝另一侧翻身。

早教指南

发育正常的宝宝都有惊人的学习能力。出生后，他就会主动地探索周围的世界。丰富而适宜的环境刺激，是他那远未成熟、正在急速发育的大脑最重要的"营养素"。因此，年轻的父母们应当给宝宝营造一个具有丰富感知的训练环境。

👑 **运动游戏** YUNDONG YOUXI

拉大锯，扯大锯

- **游戏目的**

  锻炼宝宝腰背部肌肉。

- **游戏准备**

  在宝宝睡醒时，保持仰卧姿势，帮助宝宝放松上肢。

- **游戏步骤**

  1.伸出手指，让宝宝自然地抓住妈妈的手指。

  2.将宝宝慢慢地拽起来，念歌谣："拉大锯，扯大锯，外婆家，唱大戏，妈妈去，爸爸去，小宝宝，也要去。"让宝宝稳定地坐好，再轻轻把宝宝放下，让宝宝保持仰卧。

  3.重复三四次。

  4.轻轻抚摸宝宝的腰背部，放松腰背部肌肉。

早教指南

4 个月的宝宝腰背部肌肉力量迅速发展，通过这个游戏可以帮助宝宝锻炼腰背部肌肉、骨骼力量，以及上臂支撑力。这是一个古老而又经典的游戏，配合的歌谣有很多版本，妈妈可以根据自己的喜好选择，也可自编。如：拉大锯，扯大锯，咱们家里唱大戏，大戏里面也有你，快快起来唱两句！拉大锯，扯大锯，外婆家，唱大戏，妈妈去，爸爸去，不带我的宝宝去！

游戏刚刚开始时，也可以尝试用手抓住宝宝手腕，把他拉起来。游戏时间不要太长，3 分钟左右就要让宝宝躺下来休息一会儿。

👑 **运动游戏** YUNDONG YOUXI

小屁股会跳舞

- **游戏目的**

  训练宝宝平衡能力，锻炼宝宝下肢力量。

- **游戏准备**

  《青春友谊圆舞曲》等节奏明快的圆舞曲。

- **游戏步骤**

  1.扶着宝宝的腋下，让他站在妈妈腿上或较硬的床上。

  2.有意识地放松手腕，让宝宝一蹲一蹲地跳舞。

  3.播放乐曲，帮助宝宝尽量配合乐曲的节奏。

早教指南

蹲起、弹跳游戏对宝宝学习保持平衡起着非常重要的作用，是宝宝开始行走的先决条件。配合节奏感强的音乐，让宝宝跳蹲蹲舞，不仅有利于提高宝宝乐感，还可以锻炼宝宝身体，促进其体能、智能和谐发展。

游戏时，应选择表现力强、节奏明快、简短的乐曲。还应该注意，宝宝下肢支撑力量还很弱，要控制游戏时间，千万不要让宝宝疲劳，2 分钟即可。也不要在宝宝吃饱后马上开始游戏。

"翻山越岭"找妈妈

● **游戏目的**

锻炼宝宝全身肌肉。

● **游戏准备**

枕头、坐垫、毛绒玩具。

● **游戏步骤**

1.使宝宝俯卧在洁净的地毯或床上，在他和妈妈之间堆放一些枕头、坐垫、软垫或毛绒玩具等。

2.妈妈一边呼唤宝宝，一边鼓励宝宝爬过来找妈妈。

3.爸爸用双手手掌抵住宝宝脚心向前推，或用一条毛巾放在宝宝腹下，然后提起宝宝腹部，让宝宝学着手膝爬行去越过障碍物，"爬"到妈妈身边，同时用语言鼓励他。

4.宝宝找到妈妈后，妈妈要用亲吻表示赞赏，让宝宝有一种成就感。

早教指南

爬行是一种很好的全身运动，它能促进宝宝身体生长发育。宝宝在爬行过程中，头颈抬起，胸腹离地，用四肢支撑身体，这就锻炼了宝宝胸、腹、背与四肢的肌肉，并可促进骨骼生长，为日后站立与行走创造良好条件。

游戏前一定要仔细检查坐垫、枕头上是否有异物，以免宝宝误食或被划伤。

滚动的红苹果

● **游戏目的**

锻炼宝宝颈部肌肉。

● **游戏准备**

红色大苹果一个。

● **游戏步骤**

1.让宝宝俯卧在床上，双臂屈于胸前。

2.拿出一个红色大苹果放在宝宝正前方，让宝宝看一看、摸一摸、闻一闻，吸引宝宝注意。

3.妈妈推一下苹果，让苹果向远离宝宝的方向滚动，让宝宝的目光追随。

4.还可以准备青色、黄色苹果各一个，分别滚动青色、黄色苹果吸引宝宝注意，引起他的视觉关注，吸引他去"追踪"。

早教指南

红色物体非常容易吸引宝宝的注意，通过游戏可以帮助宝宝练习抬头，提高宝宝躯体的协调运动能力。游戏时要注意，选取的苹果一定要大、色泽鲜艳，最好是红色。不要让苹果滚动得太远，以免使宝宝失去兴趣。

运动游戏 YUNDONG YOUXI

推推宝宝

● 游戏目的

训练宝宝整体运动能力，挖掘宝宝的情商潜能。

● 游戏准备

较硬的床或较软的地板。

● 游戏步骤

1.让宝宝趴着。

2.站在宝宝身后并把手放在宝宝脚掌上。

3.宝宝脚触及妈妈手时，会通过蹬妈妈的手借力向前移动。

4.有时需要轻轻推宝宝一下。

5.在轻推宝宝的同时，说："小脚丫推一推，小脚丫推一推，妈妈推推好宝贝。"

早教指南

五六个月大的宝宝个体差异开始渐渐加大，如果好好照顾宝宝的话，不需要太在意宝宝的发育情形是否达到发育标准。身高、体重、身体等各部位都会随宝宝的不同而自由成长。但是如果宝宝发育不顺利、没有朝气、不活泼好动，就必须就医检查。

手指游戏 SHOUZHI YOUXI

我能抓到你

● 游戏目的

锻炼宝宝触觉和抓握能力，培养宝宝的独立意识。

● 游戏准备

各种小动物形状的空心橡皮玩具（如小鸡、小鸭、小狗等）。

● 游戏步骤

1.将各种橡皮玩具散放在宝宝触手可及的范围内，让宝宝伸手去抓这些玩具。

2.宝宝每抓起来一个，妈妈就要说出这种动物的名称，并且夸张地学出这种动物的叫声。

3.将玩具从宝宝手中取下，再次鼓励让宝宝随机抓取一个玩具。反复几次，不断强化宝宝对这些动物名称和叫声的认识。

早教指南

3个月的宝宝已经开始喜欢上了自己练习抓手臂范围以内的物品，多为宝宝提供抓取机会，既可提高宝宝的协调能力和抓握能力，还能促进宝宝自然智能发展。当宝宝学会这种动作后，妈妈要提醒和监督宝宝坚持在日常生活中运用该动作，这样才能培养其自我服务能力并促使其养成习惯。

在这个游戏中，橡皮玩具大小要适宜，以宝宝小手能抓起来为好。选择的动物形象最好是比较常见而且叫声比较容易模仿的。

认知游戏 RENZHI YOUXI

镜子里的宝宝

● **游戏目的**

提高宝宝自我认知能力，让宝宝了解身体各部位名称。

● **游戏准备**

大穿衣镜一面。

● **游戏步骤**

1.给宝宝穿上色彩鲜艳的衣服，将他抱到镜子前，让宝宝自发地触摸、拍打镜中的妈妈和自己。

2.妈妈对着镜子做表情，让宝宝对着镜子模仿。妈妈也可以念儿歌助兴："小镜子，照一照，里面有个好宝宝。我哭他也哭，我笑他也笑。"

3.摸一摸宝宝的头、鼻子、眼睛等，告诉宝宝每个部位的名称。

4.妈妈分别抬起宝宝的手和脚，让宝宝在镜子里看自己的手和脚。妈妈说："小手、小手，拍拍；小脚、小脚，蹬蹬。"

早教指南

妈妈可以经常抱着宝宝照镜子，每次给宝宝穿上不同颜色的衣服。游戏过程中，经常和宝宝说话，可以有效帮助宝宝学习词语，不间断地强化会有利于宝宝语言能力的发展。

听儿歌做动作

● 游戏目的

让宝宝通过大人背诵儿歌记忆一种声音，在这种声音出现时宝宝能主动地做一种动作，以锻炼声音与动作联系的能力。

● 游戏准备

宝宝高兴时，妈妈和宝宝对坐。

● 游戏步骤

1.妈妈与宝宝对视，念儿歌：小老鼠，上灯台，偷油吃，下不来，叫妈妈，妈妈不肯来，叽里咕噜滚下来。

2.妈妈每次念到"叽里咕噜"时把宝宝向后轻轻一推。

3.重复游戏。成为习惯后，每当妈妈念到"叽里咕噜"时，宝宝会自己向后向上跃起。

早教指南

婴幼儿期是人的一生中最为关键的时期。一个人的性格、语言能力、协调能力、创造能力等，都是在这一时期形成的。而这些能力的形成与发展恰恰是通过父母与宝宝之间的亲密游戏来实现的。

藏猫猫

● 游戏目的

培养宝宝时空认知能力，理解物体的恒存性。

● 游戏准备

干净手帕一块。

● 游戏步骤

1.妈妈用手帕把脸遮住，问宝宝："妈妈呢？妈妈去哪儿了？"

2.把手帕从脸上拿下来，对宝宝说："妈妈在这儿呢。"

3.用手帕轻轻遮住宝宝的脸，叫宝宝的名字："宝宝呢？宝宝在哪儿呢？"

4.掀开手帕看着宝宝的脸，对宝宝说："啊，宝宝（宝宝的名字）在这儿呢。"宝宝会开心地大笑甚至尖叫。

早教指南

这个游戏可提高宝宝对时间、空间中人或物的理解，强化对物体恒存性的认识，为今后"藏与找"游戏的延伸奠定基础。藏猫猫游戏告诉宝宝东西可以失而复得，你与宝宝之间亲密又安全的联系对宝宝将来面对生活压力大有帮助。妈妈藏起来的时间不能太长，否则等的时间太长，宝宝就会对游戏失去兴趣。

3～5个月宝宝智能档案

感知觉	运动	语言	社会交往	情绪反应
★除了视觉有待发展外，听觉、嗅觉、触觉、味觉发展很好 ★能分清爸爸妈妈和陌生人	★能够翻身，自己转头 ★躺着时，可以用不同的方式滚动身体 ★会用一只手够取玩具 ★开始拍打视线内的玩具 ★模仿能力增强	★会和大人咕咕地说话 ★会模仿不同的声音 ★尝试不同的声调和音量来引起他人的注意 ★会根据声音和身体语言来表达情感 ★高兴时会大声笑 ★喜欢听音乐 ★知道自己的名字	★与人交往的能力增强 ★喜欢和大人玩藏猫猫等游戏	★会对着镜子中的人微笑 ★会根据自己的需要是否得到满足而表现出喜怒哀乐等情绪

第3章

6～8个月亲子早教游戏

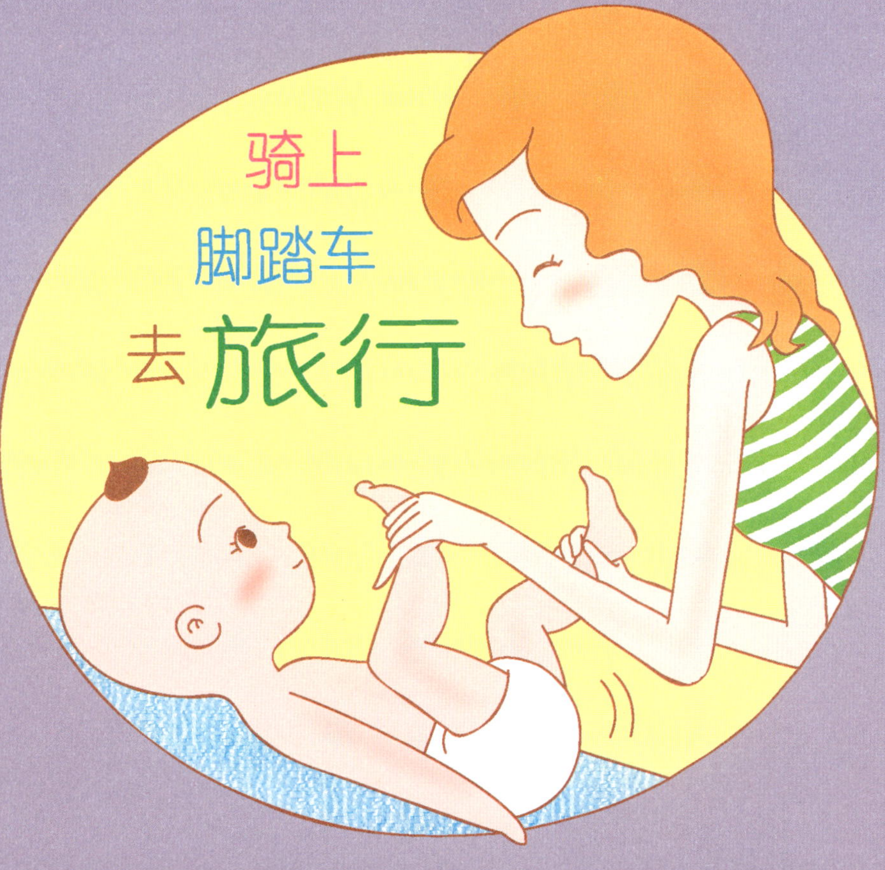

骑上
脚踏车
去旅行

感觉游戏 GANJUE YOUXI

小船晃悠悠

● 游戏目的

锻炼宝宝平衡能力，加强触觉刺激。

● 游戏准备

浴缸中注入半盆温水，塑料浴盆（或充气橡皮垫）一个。

● 游戏步骤

1.在宝宝的浴盆里装半盆温水，铺上一条毛巾，把浴盆放入浴缸中。

2.把宝宝放入浴盆中，给宝宝洗澡。

3.一边洗，一边晃动浴盆，让宝宝感觉像在坐小船。

早教指南

洗澡是宝宝非常喜欢的活动，划小船的形式对宝宝平衡能力的发展大有帮助，可丰富对其大脑神经的刺激。注意游戏时不要让宝宝独自一个人坐在浴盆里。浴盆的大小，要以宝宝能够坐在里面为宜。太大容易造成宝宝在盆中的活动范围过大，水盆易失去平衡，造成危险；太小则会让宝宝感觉局促，同样不利于保持平衡。

感觉游戏 GANJUE YOUXI

水果大餐

● 游戏目的

刺激宝宝的味觉发育。

● 游戏准备

准备苹果、梨、香蕉、西瓜等各种水果。

● 游戏步骤

1.妈妈把准备好的各种水果切成小块装在盘里。

2.让宝宝先闻闻水果的气味。

3.妈妈将每种水果挨个让宝宝舔一舔，尝一下味道，并观察宝宝的反应，看看宝宝比较偏好哪种味道。

4.给宝宝尝水果时，用语言介绍水果的名字、颜色、味道。

早教指南

宝宝的味觉、嗅觉在6个月到1岁这一阶段最灵敏，因此此时期是添加辅食的最佳时机，宝宝通过品尝各种食物，可促进对很多食物味觉、嗅觉及口感的形成和发育，也是宝宝从流食到半流食再到固体食物的适应过程。如果在这个感受性较强的时期，宝宝有了对各种食物品尝体验，就会拥有广泛的味觉，以后就乐于接受各种食物。

感觉游戏 GANJUE YOUXI

厨房辨音

● 游戏目的

让宝宝多听各种不同的声音，熟悉生活环境中的声音，从而提高宝宝的左脑听觉记忆能力。

● 游戏准备

准备一些干净的、能发声的厨房用具。

● 游戏步骤

1.用汤匙轻敲空的玻璃杯，会发出清脆悦耳的叮叮声，很容易吸引宝宝的注意力。敲几下后，妈妈告诉宝宝："这是汤匙敲玻璃的声音。"

2.两个锅盖互相碰撞，会发出类似钹的声音，宝宝听后，可以告诉他："这是锅盖碰锅盖的声音。"

早教指南

对宝宝来说，"声音"不仅刺激听觉，对学习语言、发展情绪也很重要，影响极为深远。适度且丰富的听觉刺激，能使听神经的构造趋于完整，吸引宝宝去学习他所听到的声音、记忆声音，并配合自身的生理发展，进而尝试发声、累积词汇，进行更准确、更协调的运用。家长若能清楚了解宝宝从"听"到"说"的发展历程，便能善用声音游戏，及早为宝宝的累积发展打下基础。

认知游戏 RENZHI YOUXI

看远方

● 游戏目的

增强宝宝的视力，扩大认识事物的范围。

● 游戏准备

陪宝宝玩时进行。

● 游戏步骤

1.妈妈指着室内的家具、玩具、食物、日用品等讲给孩子听，不管孩子是否能听懂，都要多次重复，让孩子一遍遍地感知。

2.天气好时，带宝宝到室外玩，指认花草树木、交通工具、建筑物等。

3.再指认更远处的天上的风筝、白云、初升的月亮和落日，等等。

早教指南

在宝宝成长的早期，他所接受的刺激越丰富，其脑神经的树突长得就越多，他也就会变得越聪明。所以，要想让宝宝更聪明，首先要给他丰富的刺激，包括视觉刺激和运动刺激。

认知游戏 RENZHI YOUXI

认红色

● 游戏目的

让宝宝认识颜色，以发展宝宝右脑形象思维能力。

● 游戏准备

准备一些红色的玩具。

● 游戏步骤

1.放一件宝宝喜爱的红色玩具，如红色积木，反复告诉他："这块积木是红色的。"然后家长拉着宝宝的手从几种不同的玩具中拿起这块红色积木。

2.再拿出另一个红色的玩具，如红色瓶盖，告诉宝宝："这也是红色的。"当他表示疑惑时，家长再拿一块红布与红积木、红瓶盖放在一起，告诉他："这边都是红的，那边都不是红的。"但不能说那边是白色的、黄色的，把他的注意力集中到红色上。

3.把上述物品放在一起，告诉宝宝："这些都是红色的。"

早教指南

1.颜色是比较抽象的概念，要给宝宝时间让他慢慢理解，学会第一种颜色常需3～4个月。颜色要慢慢认，千万别着急，千万不要同时介绍两种颜色，否则更易混淆。

2.一次只能教一种颜色，教会后要巩固一段时间再教第二种颜色。如果宝宝对家长用一个"红"字指认几种物品迷惑不解，甚至连第一个红色玩具都不认识时，家长就要再过几天另拿一件宝宝喜欢的玩具重新开始。

语言游戏 YUYAN YOUXI

用身体说话

● 游戏目的

发展宝宝的肢体语言，通过肢体语言弥补话语表达的不足。

● 游戏准备

宝宝情绪愉快时。

● 游戏步骤

1.妈妈用身体语言同宝宝对话，如招手、点头、碰碰头等，还可用双臂表示"飞"。

2.双手伸开代表"虫虫飞"，拍拍肚子表示"吃饱了"，拱手表示"谢谢"，挥手表示"再见"，摇头表示"不要"，点头伸手表示"要"，用手指点面颊表示"羞羞"，用手在鼻前扇扇表示"臭"。

3.妈妈反复示范，宝宝才能逐渐学会。

早教指南

尽管宝宝不会说话，但他能理解成人常用的一些字、词或句子的意思，并用动作、表情等身体语言与大人交流，如父母同他说话或讲解事物时，他会表现出安静、专注的神情。

👑 语言游戏 YUYAN YOUXI

宝宝懂礼貌

● **游戏目的**

训练宝宝的理解和模仿能力。

● **游戏准备**

一个宝宝喜欢的玩具。

● **游戏步骤**

1.爸爸递给宝宝一个他喜欢的玩具，当宝宝伸手拿时，妈妈在一旁说"谢谢"，并点点头或做鞠躬动作。

2.逗引宝宝模仿妈妈的动作，如果宝宝按照要求做了，要亲亲他表示鼓励。

3.爸爸做离开状，妈妈一面说"再见"，一面挥动宝宝的小手，教他做"再见"的动作。

4.家里来了熟悉的客人，教宝宝拍手表示欢迎，说："你好，欢迎。"

早教指南

学习一般交际规则、交往礼仪，尊重长辈、有礼貌地与人交往，这是宝宝在其社会化过程中需要学习的重要部分。妈妈平时要多为宝宝创设一些具体的语言情境，使宝宝在语言交往中理解词语含义，并学习语言交际规则。

在理解词义前，宝宝首先理解的是语调和表情。所以成人说话的语调和表情对宝宝的语言和情感学习起着非同寻常的作用。

👑 语言游戏 YUYAN YOUXI

丁零零，来电话了

● **游戏目的**

锻炼宝宝的听说能力。

● **游戏准备**

玩具电话听筒两个。

● **游戏步骤**

1.让宝宝靠坐在床上，妈妈坐在对面。

2.妈妈拿起玩具电话，对着电话说："喂，宝宝在家吗？"

3.再帮助宝宝拿起电话，说："丁零零，来电话了，宝宝接电话吧。"

4.妈妈分饰两个角色，演示妈妈和宝宝的"对话"，可以聊聊今天妈妈做的事和宝宝做的事。

早教指南

在学会说话之前，宝宝"说"的兴趣也是很高的，正是这个时期的"听""说"，培养了宝宝以后真正的听、说能力。打电话的形式既可调动宝宝对语言的兴趣，促进其语言智慧发展，又可以帮助宝宝认识一种与人交流的形式，提升其人际交往智慧。

妈妈在"电话"中，要尽量通过强调加强宝宝对生活常用词的认识和理解，比如"尿尿""饿了""高兴""漂亮"等。要调动宝宝说话的热情，尽量重复宝宝"咿咿呀呀"的语言，并且加上相应"注释"。

运动游戏 YUNDONG YOUXI

骨碌骨碌滚一滚

● 游戏目的

提高宝宝身体活动能力。

● 游戏准备

平坦的大床或铺在地上的软垫子。

● 游戏步骤

1.妈妈和宝宝一同仰卧在床上，妈妈翻身，示范给宝宝看。

2.引导宝宝和自己一起翻身，边翻身边念儿歌："骨碌骨碌滚一滚，滚一滚，滚出一个小球球。"说到"小球球"时，抱一下宝宝。

3.帮助宝宝学习按照节律翻身，妈妈念儿歌，每念一句，就翻一次身，让宝宝跟着妈妈做。

早教指南

这个阶段的宝宝对周围环境充满好奇，在学会爬之前，会采取其他移动身体的办法，如翻身打滚等，爸爸、妈妈应该鼓励、支持和帮助宝宝。千万不要制止宝宝的探寻欲望。

这个有趣游戏会帮助宝宝学会滚动，有助于宝宝胸部和手臂肌肉发育。

运动游戏 YUNDONG YOUXI

爬大山

● 游戏目的

锻炼宝宝的耐力、平衡能力。

● 游戏准备

宝宝喜欢的玩具一个。

● 游戏步骤

1.妈妈仰卧在床上，让宝宝趴在自己身体左侧。

2.妈妈拿起宝宝喜欢的玩具，逗引宝宝，然后将玩具放在自己身体右侧。

3.帮助宝宝爬上妈妈身体，然后鼓励宝宝从妈妈身体上爬过去，把喜欢的玩具拿过来。宝宝拿到玩具后要亲吻、鼓励宝宝。

4.还可以把床上的靠垫堆放起来，把玩具放在靠垫的一侧，鼓励宝宝翻过去拿回玩具，爸爸可以在一旁保护宝宝。

早教指南

在爬的过程中，宝宝四肢得到充分活动，增强小脑平衡能力，会为日后宝宝运动智能发展奠定良好基础。翻爬过程可以让宝宝获得自己发现问题和解决问题的乐趣；探索过程也会让宝宝体验失败感受，塑造其勇于面对挫折的良好品格。

游戏时，妈妈要注意自己的着装，不要穿太硬、有太多拉锁的衣服，最好穿睡衣和宝宝进行游戏。

运动游戏　YUNDONG YOUXI

骑上脚踏车去旅行

手指游戏　SHOUZHI YOUXI

哗啦啦，下雨了

● **游戏目的**

提高宝宝运动体能。

● **游戏准备**

宝宝心情愉快时。

● **游戏步骤**

1.让宝宝仰卧，妈妈用两手轻轻抓住宝宝的双脚。

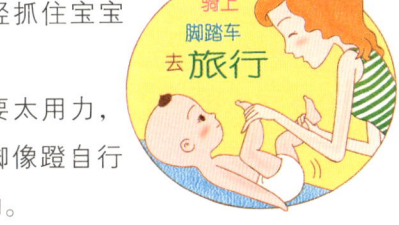

2.不要太用力，让宝宝的脚像蹬自行车一样活动。

3.注视宝宝眼睛，并说："骑脚踏车去旅行喽！"

4.反复做以上动作。

早教指南

根据宝宝成长不同阶段，有意识地锻炼宝宝，以提高他的运动智能。游戏可以为宝宝提供大量动作经验，协助宝宝全面地发展与生俱来的肢体运动能力。

这个游戏可在换完尿布或洗澡后进行，换尿布后，宝宝心情会很好，这时可用游戏来延长这个好心情。特别是洗澡后，可为宝宝全身抹上乳液或婴儿油，一边游戏一边为宝宝轻轻按摩，效果更好。

● **游戏目的**

锻炼宝宝手部抓握能力；提高宝宝识别颜色能力。

● **游戏准备**

几张红、黄、蓝、绿色的彩纸。

● **游戏步骤**

1.将彩纸剪碎，并放在广口盒子里。

2.让宝宝坐在地板靠垫上，将装有碎纸的盒子放在他面前。

3.妈妈抓起一些握在手里，把手臂举高，手心向下，然后慢慢松开手掌，让彩色的纸屑飘落下来，同时配合说："哗啦啦，下雨啦！大雨哗啦啦，小雨沙沙沙，大雨小雨一起下，宝宝见了笑哈哈。"

4.鼓励宝宝像妈妈那样抓一把纸屑，伸出手臂，手心向下，然后松开小手，让纸屑飘落。

早教指南

抓握能力的发展代表着宝宝手部运动能力的大幅度提高，这个游戏既可帮助宝宝完善手部精细运动水平，还有利于宝宝识别颜色能力的提高。游戏过程中，注意照看好宝宝，以防宝宝把纸屑放进嘴里。彩纸要选择柔软的，不要用硬的、脆的，以免划伤宝宝。

手指游戏 SHOUZHI YOUXI

捏糖丸

● **游戏目的**

训练宝宝的拇指、食指配合捏物的灵活性和手眼协调能力。

● **游戏准备**

在桌上的盘子里放一个有盖的透明杯子，里面装有彩色糖丸。

● **游戏步骤**

1.让宝宝坐在你的腿上，两肘搁在桌面上。

2.先摇动杯子发出柔和的响声并让宝宝看到糖丸在杯中跳动引起他玩的兴趣，再打开盖子(让他发现糖丸)，把糖丸倒在盘子里，告诉他"这是糖"。

3.边说边示范把一粒糖丸从盘里捡起放进杯子里(要用"慢镜头")，放进几粒后，让宝宝用拇指食指捏起小丸，再放进杯子里。

4.糖丸都放进杯里后再加盖摇一摇，发出有趣的声音作为鼓励。

早教指南

虽然人手表面积仅占身体表面积的1%，但手在大脑皮层上所占有的运动和感觉区域却是最大的，它几乎能达到1/4~1/3，如果想进一步增强儿童大脑的思维能力，可以进一步创造条件让宝宝玩一些需精细手部动作的游戏。

趣味游戏 QUWEI YOUXI

做鬼脸

● **游戏目的**

锻炼宝宝的识别能力。

● **游戏准备**

床上、地板上均可。

● **游戏步骤**

1.宝宝精力充沛时，妈妈模仿老虎，说："我是大老虎！嗷呜——"同时模仿老虎的表情，张大嘴巴，瞪大眼睛。

2.模仿小猫，说："我是小猫咪！喵呜——"同时模仿小猫咪，用手指表示胡子。

3.模仿小老鼠，说："我是坏老鼠！吱吱——"同时五官挤到一起模仿老鼠的表情。

4.反复做各种鬼脸，逗引宝宝观察各种表情的变换。

早教指南

7个月的宝宝已经能够识别亲人的面部特征，通过一些表情变换游戏，可以让宝宝对表情的认识更为深入，还可以帮助宝宝缓解面对陌生人时产生的焦虑。这种游戏有利于宝宝识别他人的情绪，为他掌握良好社会交往技能奠定初步基础。注意给宝宝做鬼脸时，尽量以表情夸张为主，但不要太恐怖，以免给宝宝造成不良影响。

数学游戏 SHUXUE YOUXI

小小搬运工

音乐游戏 YINYUE YOUXI

听音乐

● **游戏目的**

感受物品和数量之间的逻辑关系，发展宝宝的动作连贯性。

● **游戏准备**

一盒手指饼干、两个空食品盒。

● **游戏步骤**

1.妈妈和宝宝都把手洗干净。

2.妈妈把10块手指饼干放在一个食品盒里，用食指和拇指拿起一块手指饼干，放进另一个盒子里。

3.引导宝宝用相同方法，将饼干一块一块地放到另一个食品盒里。

4.宝宝每拿起一块手指饼干，妈妈都在一旁数数，让宝宝感受物品和数量之间的逻辑关系。

5.还可以准备一些圆形饼干或者大一些的水果，让宝宝感知不同物体的不同形状。

早教指南

这个游戏可以发展宝宝的动作连贯性和协调转换的能力，增强动作随意性。培养宝宝的注意力、观察力、记忆力，能使宝宝的好奇心和主动性得到激发，有助于他发现物与物之间的关系，促进其动作思维萌芽。

游戏中，感受数字绝不是让宝宝学数字，也不是数数，爸爸、妈妈不要急于求成，让宝宝现在就学"数学"。

● **游戏目的**

节奏训练，为音乐智能培养打下基础。

● **游戏准备**

准备一段有明显高低音区别的乐曲。

● **游戏步骤**

1.妈妈抱着宝宝听音乐，并不时对宝宝说："宝宝听，音乐多好听啊。"

2.当听到音乐高音部分时，将宝宝高高举起，并对他说："宝宝长高了。"

3.当听到低音部分时，把宝宝放低，说："宝宝变矮了。"

4.反复几次。

早教指南

以音乐和儿歌的感染力去激发宝宝，使宝宝在愉快情绪中进行简单的节奏训练，为培养宝宝的音乐智能打下基础。

每次训练时，要先使宝宝留意听音乐，直到发现宝宝在听音乐时，再将他举高或放低，让宝宝在运动中感受音乐的高低变化。

思维游戏 SIWEI YOUXI

我找到了

● 游戏目的

提高宝宝探索能力，促进动作思维的萌芽。

● 游戏准备

宝宝喜欢的毛绒玩具，比如小熊维尼。

● 游戏步骤

1. 给宝宝看一个他最喜欢的玩具，然后再把它藏起来。

2. 鼓励宝宝寻找玩具，问问类似于"小熊维尼在天上吗"这样的问题，然后抬头看看天。

3. 妈妈问："小熊维尼在地上吗？"低头看看地。

4. 动员宝宝将玩具给妈妈，再来找一找。

5. 妈妈问："它在我手里吗？"小熊维尼在妈妈手里呢！找到后给宝宝玩一会儿。

早教指南

语言智力开发越早越好。

一个出生时只会啼哭的新生儿，为什么在短短两三年内学会了母语，掌握了结构如此复杂而严密的语言？可见语言作为一种智力与潜能，越早开发越好。胎教工作者甚至主张在怀孕5个月胎儿听觉出现时就与胎儿说话，呼唤他的名字。而早期教育工作者建议从婴儿出生第一天起，就将语言交流融合于生活照料中，如喂奶时讲"宝宝饿了，要吃奶了"，洗澡时讲"这是宝宝的手、腿、身体……"虽然这似乎是"对牛弹琴"，却有重要的潜在作用。3～5个月的婴儿，"交谈"时让他作出口部模仿及出声反应。8～9个月开始牙牙学语时，成人要做出积极回应。如当他指着玩具发声时，父母就可说："宝宝要花皮球玩！"用语言说出他的需要。1岁时，要不断鼓励他说出单词、电报式语词，并逐渐要求说出简单句、复杂句，直到用完整语言表达想法。

观察游戏 GUANCHA YOUXI

看妈妈

● 游戏目的

通过丰富的视觉刺激，发展宝宝的空间智慧。

● 游戏准备

室内或室外适宜的环境。

● 游戏步骤

1.妈妈坐在床上或地毯上，两腿伸直，扶在宝宝腋下，让宝宝站在妈妈膝盖上。

2.妈妈屈膝时，宝宝会上升；放平膝盖时，宝宝就会下降。边做边说："妈妈的脸在下面，妈妈的脸在上面。"

3.反复几次，让宝宝可以从上上下下不同角度观察妈妈的脸。

早教指南

我们每个个体都有通过视觉感知空间的能力，甚至能通过各种不同方式表现出我们所见到的空间。这种个体具有的，能够准确地感觉视觉空间，并把所感知到的内容表现出来的能力就是空间智慧。通过对色彩、线条、形状、形式、空间及它们之间关系的敏锐觉察力，把视觉和空间图像在头脑中呈现出来、很快地辨别出方向、发现空间中的秩序感和美感，这些都是空间智慧的典型表现。

律动游戏 Lü DONG YOUXI

邀请宝宝跳个舞

● 游戏目的

在音乐和动作中调动宝宝与人交往的情绪，开发宝宝的右脑。

● 游戏准备

准备一些简单、欢快、轻松的曲子。

● 游戏步骤

1.妈妈打开音乐，轻声问宝宝："宝贝，可以和你跳个舞吗？"

2.在宝宝的耳边哼歌，同时一只手托着他的头部，一只手抱着他的背部，随着音乐向前或向后晃动宝宝的身体。还可以一边跳一边称赞宝宝："宝宝跳得真好！"

3.曲子结束时，妈妈说："谢谢宝宝陪我跳舞。"

早教指南

这个阶段的宝宝越来越喜欢模仿大人的行为和动作。父母平时要多注意宝宝的行为，多给他鼓励，培养他的模仿能力。如果对宝宝十分友善地谈话，他会很高兴；如果训斥他，他会哭。从这点来说，此时的宝宝已经开始能理解别人的感情了。另外，宝宝还喜欢让大人抱。当大人站在宝宝面前张开双手招呼宝宝时，宝宝会微笑，并伸手表示要抱。给宝宝听音乐，他会随着音乐摆动身体，这是他具有乐感的表现，也是动作协调能力的一种锻炼。

6～8个月宝宝智能档案

感知觉	运动	语言	社会交往	情绪反应
★分析记忆力比以前强，一件物品可以唤起以前的记忆 ★当大人用布将积木盖住一大半，只露出积木的边缘时，宝宝能找出被布盖住的积木	★独坐自如 ★双手扶物可站立 ★会在胸前拍手或拿着两样东西相互击打 ★开始玩积木，能将两块积木叠起来	★会发出简单的音节 ★对声音开始关注 ★开始喃喃自语 ★常常会主动与他人搭话 ★听音辨声和视觉观察的能力愈来愈强 ★会用身体语言与人交流，如见到亲人时伸手要求抱、不同意时摇头、有人把他的玩具拿走还会哭闹	★见到新鲜的事情会惊奇和兴奋，从镜子里看见自己，会到镜子后边去寻找；有时还会对着镜子亲吻自己的笑脸 ★开始观察大人的行为，当大人站在他面前，伸开双手招呼他时，他会微笑，并伸手要求抱 ★能听懂、理解大人的话和面部表情，并逐渐学会辨识别人的情绪	★开始学习大人的表情等 ★联想力增强，会因联想起开心时刻而笑 ★对妈妈或者经常照顾他的人产生了依赖 ★开始认生，出现了害怕、高兴、焦虑、害羞、好奇等情绪 ★赞美他，他会高兴；批评他，他会哭泣 ★知道很多事物的因果关系，被人拿走玩具会不快和尖叫

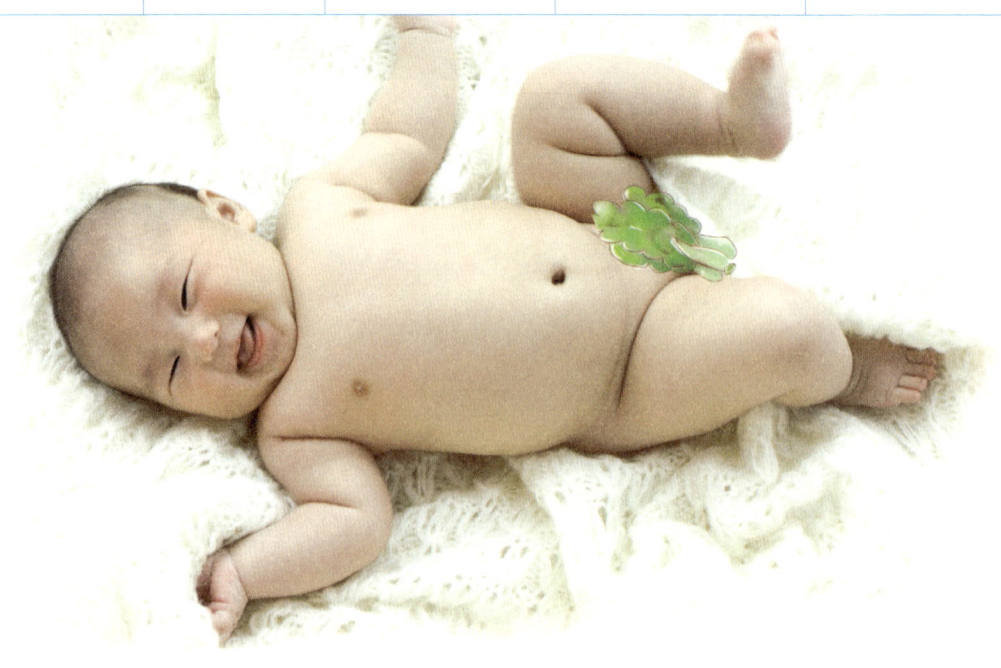

第4章

9～12个月亲子早教游戏

感觉游戏 GANJUE YOUXI

甜的，还是酸的

● 游戏目的

丰富宝宝的味觉体验，提升宝宝的感觉智能。

● 游戏准备

西瓜汁、酱油、柠檬汁各少许（也可以是醋、盐、糖等），3个透明的玻璃杯，3根筷子。

● 游戏步骤

1. 分别在3个透明玻璃杯里倒入西瓜汁、酱油和柠檬汁。

2. 让宝宝观察3个杯子里出现的不同颜色。

3. 妈妈用筷子蘸少许西瓜汁让宝宝尝尝，告诉宝宝："这是西瓜汁，是甜的。"

4. 再蘸一点酱油让宝宝尝尝，告诉宝宝："这是酱油，是咸的。"

5. 蘸少许柠檬汁让宝宝尝尝，告诉宝宝："这是柠檬汁，是酸的。"

早教指南

视觉、听觉、触觉、嗅觉、味觉五大感觉系统，对小宝宝而言，不仅是自然生理发展的一部分，更是认识这个世界的渠道。由于味觉很多时候都需要嗅觉的辅助，两者密不可分，所以家长别忘了配合宝宝的发展，提供其成长所需的感觉刺激！

感觉游戏 GANJUE YOUXI

冷和热的感觉

● 游戏目的

刺激宝宝的触觉发育，让宝宝在生活中养成知冷知热的习惯。

● 游戏准备

准备两个透明的、相同大小的瓶子，如矿泉水瓶。

● 游戏步骤

1. 两个瓶子中分别装入热水（不要过烫，能够感觉到热即可）和冷水，让宝宝用双手去握住瓶子，先热后冷，妈妈要注意观察宝宝的表情。

2. 妈妈需要鼓励宝宝反复交替握两个瓶子。同时，妈妈要告诉宝宝："这是热，这是冷，热可以使小手暖和，冷会使小手冰冷。"

3. 在握瓶感知冷热的基础上，还可以用盆分别装上冷水、热水，让宝宝用手去摸摸，告诉宝宝冷水、热水。也可以拿冷热毛巾让宝宝抓，刺激宝宝的手和脸。

早教指南

潜能开发要从零岁开始。0～3岁是宝宝生长发育的重要阶段，需要父母创造各种条件。除悉心护理与保证营养外，还需要根据宝宝身心机能的发展规律和年龄特征，有的放矢、循序渐进地进行各种游戏活动，以增强宝宝的体质，促进其正常的生长发育。

知觉游戏 ZHIJUE YOUXI

拍水声

语言游戏 YUYAN YOUXI

小蜜蜂，嗡嗡嗡

● **游戏目的**

提高宝宝对声音的记忆能力。

● **游戏准备**

选择宝宝洗澡的时间。

● **游戏步骤**

1.家长拍一下澡盆里的水，让宝宝听见"啪啪"的声音。

2.然后轻轻地抓住宝宝的小手，再拍一下澡盆里的水，鼓励宝宝自己拍起水花。

3.逐渐加强节奏性。

早教指南

这个游戏通过模仿，让宝宝自己制造声音，加强宝宝对特定声音的印象，从而提高宝宝对声音的记忆能力。在拍水发出声音的同时，爸爸、妈妈要刻意模仿"啪啪"的水声。注意训练时间和水温，不要让宝宝着凉。此外，在吃饭的时候，也可以让宝宝听一听"碗筷叮当交响曲"；洗衣服时，让宝宝听一听"咔嚓歌"。

● **游戏目的**

提高宝宝语言理解力。

● **游戏准备**

蜜蜂头饰一个。

● **游戏步骤**

1.妈妈和宝宝面对面坐在床上或地毯上，妈妈在头上扎一个头饰，扮成小蜜蜂。

2.妈妈一边念"一只小蜜蜂"，一边用食指做"1"的动作。

3.念"飞到花丛中"时，伸出两只手在身侧做"飞"的动作。

4.念"飞到西来飞到东"时，分别向左右侧晃动身体，做"飞"的动作。

5.念"飞来飞去嗡嗡嗡"时，夸张地用嘴表演"嗡嗡嗡"的动作，并将头靠近宝宝。

早教指南

通过有儿歌伴随的游戏可以提高宝宝的节奏感，促进宝宝语言智慧的发展，帮助宝宝理解语言和动作之间的关系，提高宝宝学习能力。良好的理解力和丰富的想象力，是促进和提高学习能力的基础，也会使其具有超凡的创造力。建议妈妈平时多用特定动作呈现语言，鼓励宝宝随语言做相应动作，并对宝宝的行为给予积极回应。

运动游戏 YUNDONG YOUXI

你来我往

● 游戏目的

锻炼宝宝的手眼协调能力。

● 游戏准备

塑胶球或乒乓球一个。

● 游戏步骤

1.妈妈和宝宝各坐在桌子一头，一起玩球。

2.妈妈把球推给宝宝，尽量让宝宝接住。

3.鼓励宝宝把球推给妈妈。

早教指南

这个游戏需要眼睛与小手配合，既锻炼了宝宝手部的活动准确性，也发展了宝宝的视觉追踪以及与手部运动的协调配合能力。这个游戏通过宝宝和妈妈"来回给东西"，体现宝宝交往行为发展的一大进步，宝宝能体会游戏意图，并做出积极的社会性反馈，体现出较高的社会交际能力，有益于塑造积极的人生态度。建议妈妈在生活中多注意具有"来回给"性质的情境，让宝宝更多地体验交往乐趣。

游戏过程中，注意使宝宝保持较高的情绪状态，避免机械地重复，使宝宝厌烦、疲劳。

运动游戏 YUNDONG YOUXI

拔河小勇士

● 游戏目的

锻炼宝宝手臂的力量，培养宝宝的自信。

● 游戏准备

准备一根40~50厘米长的粗绳子或一条毛巾。

● 游戏步骤

1.妈妈和宝宝面对面坐好，让宝宝拉住绳子的一头，妈妈抓住另一头。先一紧一松地拉拉绳子，让宝宝感受到绳子拉动的力量。

2.鼓励宝宝用力拉住绳子，给宝宝加油。妈妈控制好力度，只要宝宝能拉紧绳子就行。

3.妈妈的身体可有意识地随绳子的松紧前倾后仰，就好像拔河一样。

4.如果宝宝抓不住，爸爸可坐在宝宝后面协助。

早教指南

平衡感不仅是身体上的感觉，也是心理上的感觉。只有当人内心感到平衡的时候，才会真正感觉舒适。平衡练习对于锻炼勇气和训练对危险的估计能力很有帮助。有了这样能力，宝宝今后就可以对自己的能力和目标进行合理的比较和判断。宝宝如果经常获得积极的经验——判断正确，就会使他信任自己的感觉，从而增强自信。

运动游戏 YUNDONG YOUXI

扔沙包

● **游戏目的**

锻炼上肢肌肉力量，加强宝宝对距离的感受。

● **游戏准备**

一个小小的沙包（装少量米粒，边长 2.5 厘米左右）。

● **游戏步骤**

1. 让宝宝坐在床上，妈妈面对着宝宝坐好，距离 30 厘米左右。

2. 妈妈拿起沙包，吸引宝宝注意，轻轻将沙包扔到宝宝面前，鼓励宝宝接住。

3. 爸爸帮助宝宝捡起沙包，并且把它扔给妈妈。

4. 视宝宝的兴趣重复几次。

早教指南

这个游戏可以帮助宝宝锻炼上肢肌肉力量，提高宝宝肌体控制能力，促进宝宝空间感知能力的提高，加强其对距离的感受。在游戏中宝宝和妈妈配合，有利于宝宝学习与他人交往的技能，促进其人际交往智能的提升。

这个时期的宝宝还不能真正接住或者准确地扔出沙包，只要宝宝伸手参与了活动，并且与妈妈之间形成了良好互动就行，不要对宝宝要求过高。注意扔沙包的力量要小一些，沙包的填充物要少，一定要用去皮的谷物。

手指游戏 SHOUZHI YOUXI

套杯子

● **游戏目的**

训练宝宝手抓取物体的能力，加强宝宝对数字的认知。

● **游戏准备**

规格相同的塑料水杯（或纸杯）5 个。

● **游戏步骤**

1. 妈妈把水杯呈"一"字形摆放在宝宝面前。

2. 妈妈依水杯摆放顺序，拿起一侧水杯套在另外一个水杯上。

3. 依次将 5 个水杯套在一起，演示给宝宝看，然后再将水杯一字排开。

4. 请宝宝拿起一个水杯套在另一个水杯上，依次将水杯套起来。

5. 游戏中，可以边套水杯边数数，加强宝宝对数字的认知。

早教指南

10 个月的宝宝用双手拿物品的能力会大大增强，可以通过游戏，进一步锻炼他们手拿物品的能力以及手眼协调性，促进大脑发育。注意选择水杯时，要尽量选择高度小的，这样便于宝宝将水杯套起来。水杯颜色要尽量不同，色彩要鲜艳，可以增加刺激宝宝视觉的机会。

小小分装站

● **游戏目的**

锻炼宝宝手部精细动作。

● **游戏准备**

不同的水果3个、不同的小玩具3个、空盒子2个。

● **游戏步骤**

1.妈妈指着一个盒子，对宝宝说出指令："把水果放进这个盒子里！"并指导宝宝把水果放进去。

2.指着另一个盒子，对宝宝说出指令："把玩具放进这个盒子里。"指导宝宝把玩具放进去。

3.将两个盒子摆在一起，告诉宝宝一个盒子里装的是水果，另一个装的是玩具。

> **早教指南**
>
> 手指运动可以刺激大脑的广大区域，而通过大脑的思维和眼睛的观察又可以不断纠正、改善手指动作的精细化程度。眼、手、脑的配合协调能极大地促进宝宝的智力发展。游戏过程中，游戏材料一定要选择宝宝熟悉的东西。材料类别尽量不要有交叉或者类别界限不清的，比如在玩具类别中不要有塑料水果，也不要将布娃娃、小熊这类在宝宝眼里有功能的玩具和积木块等放在一起，以免给宝宝造成混乱。

彩带飘飘

● **游戏目的**

锻炼手部肌肉控制力。

● **游戏准备**

易撕的白纸或彩纸若干张。

● **游戏步骤**

1.妈妈拿起一张纸，撕成一条一条的形状。

2.再拿起一张纸，握住宝宝双手，帮助宝宝将纸撕成一条一条的形状。

3.让宝宝抓住纸条抬起手臂，做挥舞状，告诉宝宝这是什么颜色的"彩带"。

4.递给宝宝一张纸，鼓励宝宝独立将纸撕成条状。

> **早教指南**
>
> 研究表明，手指与大脑之间存在着非常广泛的联系，如果宝宝手指非常灵活，则其触觉会更加敏感，以后就会更聪明、更富有创造性，其思维也会更加开阔。宝宝能将纸撕成条，说明其大拇指和其他手指配合协调，手的精细动作进一步发展，从而促进宝宝的感知运动思维和探索世界的能力进一步发展。一定数量动作技能的掌握可以帮助宝宝及早摆脱对成人的依赖，学会独立自主地活动，从而开阔眼界、增长知识。

手指游戏 SHOUZHI YOUXI

纸篓接物

● **游戏目的**

锻炼宝宝视觉和运动协调性，提高手部运动准确性。

● **游戏准备**

塑料纸篓一个、毯子一条、小玩具若干。

● **游戏步骤**

1.将纸篓放在床边，在纸篓下铺上毯子。

2.妈妈和宝宝趴在纸篓正上方的床边，妈妈拿起一个小玩具，垂直丢进纸篓里。

3.递给宝宝一个小玩具，让宝宝把玩具垂直丢下去。

4.让宝宝自己拿起玩具，丢进纸篓。

早教指南

这个游戏可为宝宝以后参与更多的活动打下基础，有助于宝宝运动智能和空间智能的提高。宝宝在本质上是一个积极主动的探索者，这样的游戏有助于他们发现事物之间的联系，了解事物的变化，塑造其善于发现问题、积极探索的优秀品格。游戏时，注意纸篓的口要尽量大，以提高宝宝投掷的准确性。一定要在纸篓下铺上一条毯子，以防积木、弹力球等玩具落地后弹起，给宝宝造成伤害。

手指游戏 SHOUZHI YOUXI

对对看

● **游戏目的**

锻炼宝宝手眼配合能力，感知大小。

● **游戏准备**

在纸盒上挖 4 个大小不同的圆形小洞，再用硬纸板剪出一些相应大小的圆片，并涂上颜色。

● **游戏步骤**

1.妈妈拿出小圆片，给宝宝演示，分别比较圆片和纸盒上圆孔的大小，然后按照不同的大小将圆片一一塞入纸盒中。

2.递给宝宝一个圆片，鼓励宝宝找到和它相对应的圆孔，并将圆片从合适的圆孔中塞入纸盒。

3.把全部圆片递给宝宝，帮助宝宝将圆片一一塞入纸盒中。

早教指南

宝宝手拿纸片放入相应的圆孔，标志着其手和眼睛配合完成动作的能力发展到了一个新水平。注意纸盒上的圆孔不要太多，以防给宝宝造成混乱。圆孔直径差异要明显，对比要大。

趣味游戏 QUWEI YOUXI

荡秋千

● **游戏目的**

锻炼宝宝的运动、平衡及身体控制能力。

● **游戏准备**

较大的活动空间。

● **游戏步骤**

1.爸爸妈妈坐在床上，将双手握在一起，然后让宝宝躺在手臂围成的"秋千"上。

2.爸爸妈妈同时慢慢摇晃手臂，将宝宝荡起来。

3.逐渐增加摇晃的幅度，让宝宝感觉像在荡秋千一样。

早教指南

这个游戏可以让宝宝充分地与爸爸、妈妈产生身体上的接触，让宝宝感受到亲情，可以给宝宝的前庭器官以充分刺激，促进宝宝运动能力、平衡能力以及身体控制能力的提高。

游戏过程中要注意以下几点：要注意保护好宝宝的身体，控制好双方手臂缝隙，防止宝宝掉落；爸爸、妈妈的配合要非常协调，摇晃方向和幅度要一致；摇晃幅度要由小到大，让宝宝慢慢适应。

趣味游戏 QUWEI YOUXI

藏宝游戏

● **游戏目的**

培养宝宝的好奇心和求知欲。

● **游戏准备**

大毛巾一条，小玩具或独立包装的小食品若干。

● **游戏步骤**

1.妈妈左手拿着毛巾，右手拿出一块糖，当着宝宝的面将糖块放到毛巾上，再包起来。

2.妈妈问宝宝："糖在哪里呢？"鼓励宝宝打开毛巾，将糖块找出来。

3.随机在毛巾中塞入另外一件小物品，然后再请宝宝打开毛巾，看看是什么。

4.宝宝打开毛巾后，妈妈要用惊喜的声调说出物品名称。

早教指南

在游戏中，宝宝会经历一个假设—期待—验证假设（确认）的过程，而这种过程恰恰是人的高级心理过程的一种表现。通过游戏可以促进宝宝高级心理机能的发展。好奇心和求知欲是人一生学习的动力，让宝宝在探索中发现，在发现中成长，可以培养其学习的积极性和主动性。游戏时，要选择宝宝生活中常见的小物品。小物品数量不要过多，有四五个就可以了，可以不断重复、变化使用。

趣味游戏 QUWEI YOUXI

爸爸的腿是滑梯

● **游戏目的**

锻炼宝宝的平衡能力。

● **游戏准备**

较大的活动空间。

● **游戏步骤**

1.爸爸坐在沙发上，双腿自然垂放，略向前伸，妈妈将宝宝放在爸爸的膝盖上。

2.爸爸用双手把住宝宝的腰部，妈妈坐在爸爸的脚旁边，正面对着宝宝。

3.爸爸放松膝盖，慢慢将宝宝往下放，用双臂的力量帮助宝宝向下运动，并对宝宝说："滑滑梯喽。"

4.妈妈在下面张开手臂，迎接宝宝，当宝宝滑下的时候，把宝宝抱住。

> **早教指南**
>
> 这个游戏可以大大增进宝宝和家人身体接触、语言接触的机会，促进其身体平衡能力发展。宝宝能够积极配合成人的行为，会为其日后的生活自理能力以及积极的社会交往能力的形成奠定基础。游戏时，最好在游戏区的地上铺上一层软垫或地毯，以防宝宝意外受伤。有的宝宝比较胆小，开始可能会害怕，爸爸、妈妈要鼓励宝宝大胆地向下滑。

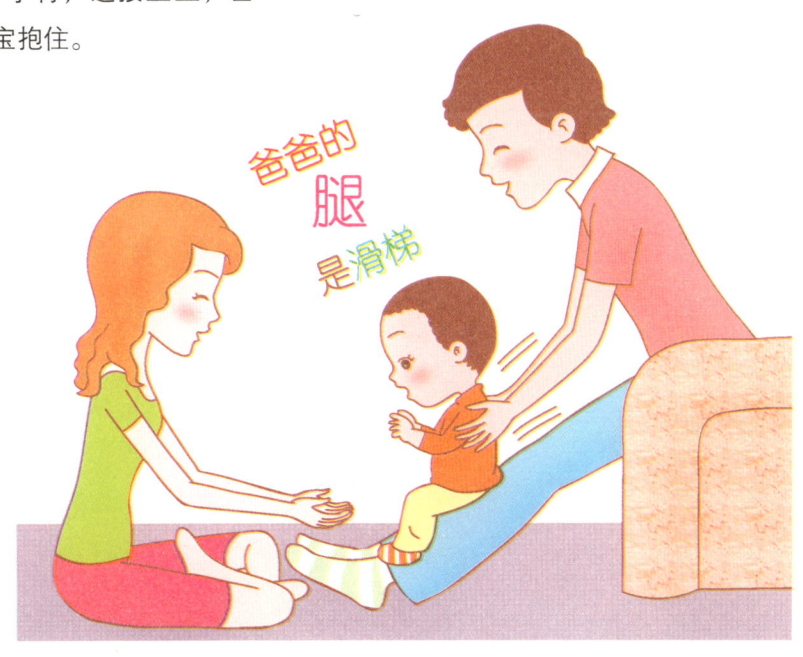

爸爸的 **腿** 是滑梯

捉迷藏

● **游戏目的**

锻炼宝宝行走能力。

● **游戏准备**

宝宝喜欢的小玩具一个。

● **游戏步骤**

1.将宝宝抱到沙发旁边的地毯上，旁边放一个小玩具，让宝宝自己玩。

2.妈妈悄悄离开，躲到沙发后面。

3.妈妈轻声呼唤宝宝的名字，逗引宝宝起身寻找妈妈。

4.妈妈不断更换位置，引导宝宝自己扶着沙发站起来，并且扶着沙发慢慢走。

宝宝！

● **爱心贴士**

1.游戏前一定要注意清除沙发旁边的障碍物，以防宝宝不小心绊倒或摔伤。

2.游戏中，不要一味地让宝宝寻找，妈妈应适时地让宝宝"发现"自己,然后再次躲藏。

早教指南

早期教育应注意以下几点：

始终走在宝宝前面，提前一步引导他充分发展。教育宝宝最重要的是提前一步,提前得太多会让宝宝感到压力，甚至造成伤害。始终走在宝宝前面，不断地激发孩子的潜能，就能让他获得充分发展。

一定要用引导的方式而不是灌输的方法。早期教育既是教能力，更是培养素质，引导的方式可以发挥孩子的主动性，让他真正提升本领，而灌输则只是提供了一些智力素材。

不仅重视发展宝宝的现实能力，更应注意培养孩子良好的素质。我们现在提倡素质教育，而素质教育的根基是婴幼儿早期教育。俗话说"三岁看大"，其实质就是指三岁时孩子就基本确立了个性基础，宝宝心理是否健康、学习能力强不强，从生命最初三年的发展就可以大概预见。

模仿秀

● **游戏目的**

提高宝宝模仿力。

● **游戏准备**

家中和适宜的户外环境。

● **游戏步骤**

1.妈妈把宝宝抱在怀里，说："小脑袋摇一摇。"同时做摇头动作，鼓励宝宝模仿。

2.妈妈说："小舌头伸一伸。"同时做伸舌头动作，对宝宝说："宝宝乖，小舌头伸出来，小舌头缩回去。"请宝宝模仿自己的动作。

3.妈妈说："小眼睛眨一眨。"同时做眨眼睛动作，请宝宝模仿。

4.妈妈说："小手指挠一挠。"同时用手做抓握动作，一边说，一边握着宝宝的手腕引导宝宝模仿。

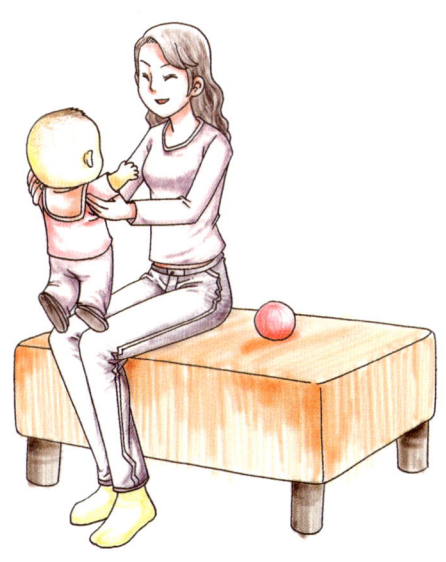

早教指南

模仿是宝宝学习的一种特殊形式，通过观察、模仿成人的行为动作、语言等，学习一些规则，然后融入自己的行为中。平时多给宝宝提供一些模仿的机会。游戏过程中，妈妈可以分解游戏，分几次让宝宝模仿所有的动作。当宝宝学会全部动作之后，妈妈可以一边念儿歌，一边和宝宝一起做动作："小脑袋摇一摇，小舌头伸一伸，小眼睛眨一眨，小手指挠一挠。"

日常生活中，爸爸、妈妈也要注意自己的言行举止，以免宝宝无选择地全部模仿。爸爸、妈妈要充分意识到宝宝模仿学习的特点，为宝宝树立良好的模仿榜样。

9～12个月宝宝智能档案

感知觉	运动	语言	社会交往	情绪反应
★ 懂得物体的永恒性 ★ 视觉能分辨人物细微的差别 ★ 记忆力明显增强	★ 能够熟练地爬行，甚至可以走一两步 ★ 能稳坐较长时间 ★ 拇指、食指能协调地拿起小的东西 ★ 会招手、摆手等动作	★ 叫妈妈爸爸有所指，向他要东西知道给 ★ 会模仿别人的声音 ★ 开始说几个常见物体名称或动物名称，如"灯""猫" ★ 能指认1～2个身体部位 ★ 有时说一些难懂的话	★ 穿衣知道配合 ★ 依恋性增强 ★ 懂得交朋友 ★ 学会了礼貌动作和语言 ★ 对爸爸比较依赖 ★ 懂得"不"，模仿拍娃娃 ★ 懂得和别人分享	★ 会模仿大人的动作和表情 ★ 有很强的占有欲

第 **5** 章

1岁1个月~1岁3个月
亲子早教游戏

咩咩与哞哞

● 游戏目的

听辨羊和牛的声音；模仿羊与牛的叫声和动作。

● 游戏准备

羊和牛的声音录音带、羊和牛的识图卡。

● 游戏步骤

1.依次播放或者模仿羊和牛的声音，请宝宝从羊和牛的识图卡中指出是谁发出的声音。

2.教宝宝模仿羊"咩咩"的叫声和山羊胡子的样子（握起一个拳头，跷起大拇指，把大拇指放在下巴处），模仿牛"哞哞"的叫声和牛角的样子（握拳，伸出两个大拇指顶着太阳穴）。

早教指南

在教宝宝认动物图卡或挂图时，要教宝宝模仿这些动物的简单动作。七八个月的宝宝能使用手势表达意思，开始进入动作语言期。从那时起，宝宝对模仿动作很敏感，除了教宝宝多模仿各种语言动作，如谢谢、你好等，还可以教宝宝多模仿动物、植物的动作，促进宝宝动作符号表象的发展。

周岁宝宝还不能同时伸出大拇指和小拇指来模仿山羊胡子和牛角，所以只伸大拇指放在下巴处或点着太阳穴进行模仿即可。

猜猜我是谁

● 游戏目的

触觉分辨物体表面，感知光滑与粗糙。

● 游戏准备

几种触觉纸（即不同质感的纸张如砂纸、卡纸、皱纹纸等）、布。

● 游戏步骤

1.出示几种触觉纸，让宝宝自由地触摸玩耍一会儿，对光滑和粗糙建立感性认识。

2.把触觉纸分为几组，每组由光滑和粗糙的两张触觉纸组成。

3.用布轻轻蒙住宝宝的眼睛，或者直接把布盖住触觉纸，引导宝宝的小手在布下面触摸，把"光宝宝""涩宝宝"摸出来。

早教指南

先让宝宝玩一会触觉纸，建立手部触感之后，再让宝宝进行触摸分辨。

宝宝还不会用手掌和手指去触摸分辨物体。妈妈可以拿起宝宝的小手，用手掌和手指在布的下面轻轻触摸和拍打材料的表面，教宝宝学习用手掌和手指抚摸材料的表面加以分辨。

感觉游戏 GANJUE YOUXI

红色的小马

早教指南

妈妈可以先握着宝宝的手指，沿着黑线找到小黑马，然后让宝宝自己沿红线找一找拴的是哪匹马。宝宝最先认识的是红色，所以认颜色最好从认红色开始。

● **游戏目的**

训练视觉追踪能力；模仿马蹄"嗒嗒"的声音。

● **游戏步骤**

1.请宝宝指认图中哪个是小红马，并模仿马蹄"嗒嗒"的声音。

2.引导宝宝伸出食指从树桩开始，沿着红线找到绳子另一头拴的小红马。

游戏拓展

追绳找物

沿线指认目标需要宝宝有一定的视觉追踪能力以及持续集中注意力。妈妈可以用红绳和另一种颜色的绳子各系一个玩具，把玩具藏好，两根绳子第一次不交叉，第二次交叉，让宝宝分别沿绳找一找另一头系的是什么玩具。注意不要让宝宝独自玩绳子。

叠宝塔

● **游戏目的**

分辨大小；锻炼手的控制力和平衡力。

● **游戏准备**

大小不同的小盒子3个、方块积木若干。

● **游戏步骤**

1.妈妈准备大小不同的3个小盒子，每次出示两个，让宝宝指认哪个是大盒子，哪个是小盒子。

2.引导宝宝把大一些的盒子放在下面，依大小顺序叠塔。也可以用大小不同的3块积木按大小顺序叠塔。

早教指南

宝宝天生喜欢把东西叠高高玩，看见盒子或积木，随意拿起一个就开始叠高。妈妈要先劝止宝宝，然后出示两个盒子让宝宝分辨大小，通过两两对比，让宝宝感知物体的大与小。注意，这时期的宝宝只能在两者之间分辨大与小，所以妈妈每次出示两个盒子，不要把3个盒子同时摊在宝宝面前。另外，如果宝宝对大和小的概念不明白或混淆，可以先让宝宝识认小物体，等正确识认小物体后，再识认大物体。

通常13个月的宝宝能叠2块积木或盒子。能叠3块的宝宝，说明他的小手控制力和平衡力比较好，妈妈可要好好表扬一下宝宝哟。

谁在前，谁在后

● **游戏目的**

分辨前、后空间方位；认识圆柱体。

● **游戏准备**

积木（球形和圆柱体）、不同颜色的小皮球。

● **游戏步骤**

1.向宝宝介绍球体和圆柱体，请宝宝触摸和滚动球形积木和圆柱体积木。

2.判断自己的前后，请宝宝把球形积木放在自己的前面，把圆柱体积木放在自己的身后。

早教指南

教宝宝通过用手摸一摸、滚一滚的方式认识圆柱体。平时教宝宝认识更多的圆柱体物品。前后方位判断容易出现反弹，平时可利用各种场合进行复习。

知觉游戏 ZHIJUE YOUXI

星星和月亮

● **游戏目的**

认识圆和五角形；学习点数的技能。

● **游戏步骤**

1.请宝宝指一指图中夜晚的天空中，哪个是圆形，哪个是五角形。

2.请宝宝伸出食指，数一数天空中的月亮和星星各有几个。妈妈说着数，让宝宝一个个点数。数完，妈妈报总数："月亮有1个，星星有3个。"

早教指南

教宝宝认识最常见的圆形和形象有趣的五角形，可以把宝宝的图书和挂图中的圆形、五角形结合起来学习。

周岁前就接触过点数的宝宝，现在能在妈妈唱数的情况下（即妈妈背诵数字），自己将3~5个图形一一对应地指出来，可以做到没有重指和漏指的现象。还不会一个个点数的宝宝，妈妈可以拉着宝宝的手指学习一个数对应一个图形地点数。注意，数完后妈妈要报出总数，尽管宝宝不明白集合总数的概念，但可以为宝宝今后学习模仿报总数打下基础。

知觉游戏 ZHIJUE YOUXI

火眼金睛 1

● 游戏目的

感知红色，学习点数的技能。

● 游戏步骤

1.请宝宝分别指出图中红色的狐狸、红色的马和红色的鲤鱼。

2.妈妈背诵数字，宝宝伸出手指分别点数红色的动物，最后妈妈报总数是1个或2个。

早教指南

宝宝对第一种颜色红色认识的稳定性往往需要经过一段时间，所以初学颜色时，不要让宝宝同时学认几种颜色。

妈妈需要反复指认和强调红色"这是红色"，而对其他颜色则统称为"这不是红色"。不要再介绍其他颜色的具体名字，以免宝宝混淆。等宝宝对红色的认识比较稳定之后，再学习认识第二种颜色。平时要多让宝宝指认周围环境中的红色进行巩固强化。

知觉游戏 ZHIJUE YOUXI

火眼金睛 2

● **游戏目的**

认识绿色和红色，认识几种常见的水果。

● **游戏步骤**

1.请宝宝指出图中各组都有什么水果以及红色的水果。

2.教宝宝认识图中绿色的水果。

早教指南

宝宝对第一种颜色红色的认识往往需要经过一段时间才能比较稳定。等宝宝认识了红色，就可以尝试教宝宝认识第二种颜色绿色（也可以是其他颜色）。游戏中妈妈反复强调绿色，"这是绿色""这个不是绿色"，避免向宝宝介绍其他颜色的名称。

游戏拓展

找绿色

选择一个范围如客厅、一页图画或一件衣服，引导宝宝尽量找出这个范围里所有绿色的东西，使宝宝对绿色产生兴趣，提高分辨绿色的准确性。注意，宝宝对绿色和蓝色容易混淆，可多进行对比分辨。

知觉游戏 ZHIJUE YOUXI

火眼金睛 3

● **游戏目的**

　　认识黄色，认识几种常见的昆虫。

● **游戏步骤**

　　1.教宝宝认识图中都有哪些昆虫。

　　2.再请宝宝指一指各图中黄色的昆虫。

早教指南

　　等宝宝能比较准确地认识红色，对绿色也有一定的认识时，就可以教宝宝认识第三种颜色黄色了。对已学过的颜色，妈妈可以直呼其名，如"这是绿色的蚂蚱""这是红色的瓢虫"等，除了新教宝宝认识的黄色外，不宜再教宝宝其他颜色的名称，如"蓝色的蜻蜓"，以免同时引入太多的颜色概念。

游戏拓展

寻找生活中的颜色

　　妈妈带着宝宝在生活环境中分别找一找红色、绿色和黄色的事物，复习巩固这3种颜色。积木、木珠、套盒、彩笔、蜡笔、形块、水果、气球等是比较好的认色玩具，妈妈每次拿出3～4个颜色的东西为一组，让宝宝从中分辨这3种颜色。

记忆游戏 JIYI YOUXI

翻找书页

● 游戏目的

训练有意记忆再认能力；培养耐心细致的好习惯。

● 游戏准备

任选一本宝宝看的图书。

● 游戏步骤

1.妈妈打开一本宝宝看的书，随意选中一页，比如有小熊的一页，和宝宝一起看。

2.妈妈向宝宝描述一下该页的内容，尤其是讲一下细节，并提醒宝宝记住小熊。

3.合上书，请宝宝从前往后一页页地翻书，找到刚才讲的那一页。可重复玩这个游戏。

早教指南

宝宝一旦学会按页翻书，就可以训练宝宝逐页翻书把特定的目标页找到。有的宝宝总想迫不及待地找到目标页，急得乱翻，甚至还乱嚷。逐页寻找目标页不仅可以训练宝宝的记忆力和手指的灵活性，还可以训练宝宝的耐心。有的宝宝能出色地完成这个任务，完不成任务的宝宝可要加油哦。

手指游戏 SHOUZHI YOUXI

蹲捡行走

● 游戏目的

用食指和拇指的指尖捏细小物品；练习拾物行走。

● 游戏准备

细吸管（如口服液吸管）或细丝绳若干根。

● 游戏步骤

1.妈妈将若干根细吸管四处散放在地板上。

2.引导宝宝找吸管、走过去、蹲下、用食指和拇指的指尖捡起细吸管，再站起寻找下一个吸管，重复行走、蹲捡的动作。

早教指南

周岁前的宝宝可以捏起妈妈掉在地上的头发丝，但宝宝捡物经常用的是几个手指一起捡，或者是拇指指尖与食指的第一段指关节对捏。现在要训练宝宝熟练地用食指和大拇指的指尖去捏起细小物品，再加上边走边蹲捡，还是有一定难度的。注意捡细吸管时要保证宝宝的安全。

手指游戏 SHOUZHI YOUXI

穿珠

● **游戏目的**

学习双手穿木珠；认识黄色。

● **游戏准备**

木珠若干个（细孔木珠，带绳的木针）。

● **游戏步骤**

1. 先请宝宝将黄色的木珠挑出来。

2. 教宝宝一手拿木珠，一手把带绳子的木针插入木珠的细孔中，再把木针从细孔中拉出。

3. 引导宝宝双手多穿几个木珠。

> **早教指南**
>
> 刚接触穿珠游戏时，宝宝的动作非常笨拙，但兴致很高。宝宝学习的速度比较快，一段时间后就能独自熟练地穿木珠了，之后可以让宝宝按颜色和形状练习穿珠。及时且重复的练习对小手的精细动作发展很重要，有的宝宝14个月就可以双手穿珠，而且一次能穿不少个。缺乏练习的宝宝1岁半时穿珠动作也不灵活。

运动游戏 YUNDONG YOUXI

炸春卷

● **游戏目的**

学习快速连续直体翻滚；学习走斜坡。

● **游戏准备**

浴巾。

● **游戏步骤**

1. 把浴巾平铺在床上或地垫上，让宝宝躺在浴巾的旁边。

2. 请宝宝在浴巾上连续做直体滚动，将浴巾一层层裹在身上。妈妈可以配合着背诵儿歌《炸春卷》。

炸春卷

卷啊卷啊卷啊卷，卷成一个大春卷，

看看春卷胖不胖，尝尝春卷甜不甜。

卷春卷吃喽！

3. 请宝宝包裹着浴巾站起来，妈妈上前做吃春卷的动作。

> **早教指南**
>
> 宝宝更小的时候就会打滚。这个游戏是训练宝宝快速连续直体滚动的动作，然后包缠着浴巾站起身。可多做几遍这个游戏，鼓励宝宝以较快的速度将浴巾裹上身，再熟练地站起来。注意，要让宝宝直着身体滚动。
>
> 开始，宝宝会小心翼翼地打滚，有的宝宝太被动，妈妈可以推着宝宝打滚。等熟悉后，宝宝就能够以较快的速度连续滚动了。

运动游戏 YUNDONG YOUXI

我会投球

● **游戏目的**

学习无定向的投掷；学习扶着人踢球。

● **游戏准备**

小球1个。

● **游戏步骤**

1.请宝宝单手举球过肩，将小球向前上方抛出。左右手要轮流练习投球。

2.轻扶宝宝，让宝宝将脚下的球向前踢出去，左右脚要轮流练习踢球。鼓励宝宝自己追球拾球。

早教指南

宝宝投球和踢球时，左右肢都要练习，使左右肢的运动技能得到均衡发展。

13个月的宝宝其投球技能已经显出差异。有的还抛不出球；有的则能够将球过肩抛出，动作很标准，抛出的球沿着弧线路径而落地。可以为宝宝准备玩具篮球架或者漂亮的小筐，吸引宝宝练习抛球。

运动游戏 YUNDONG YOUXI

跨栏小将

● **游戏目的**

连续跨越障碍物；提高空间知觉水平。

● **游戏准备**

系皮筋的小木桩。

● **游戏步骤**

1.准备几个系皮筋的小木桩排好，鼓励宝宝自己抬腿一个个地从跨栏上跨过去。

2.和宝宝一起数动作，即宝宝跨一个，就数一个数，数数一共跨越了几个跨栏。

早教指南

鼓励宝宝不让成人扶，自己迈过皮筋。注意不要让宝宝独自玩皮筋。13个月的宝宝还抬不起腿来。14个月宝宝的腿部力量迅速增加，可以将腿抬得高高的，不用扶就能从大人并拢的双腿上迈过去。宝宝前后腿跨越时容易被皮筋绊住，多练习跨栏有助于宝宝对前后高低的判断。

运动游戏 YUNDONG YOUXI

小小运输兵

● **游戏目的**

学习头顶东西行走、捡物和膝行；辨认红、绿二色。

● **游戏准备**

叠成方块的红色和绿色小毛巾。

● **游戏步骤**

1.先请宝宝分辨红色和绿色的小毛巾。

2.把指定颜色的小毛巾放在宝宝的头顶上，嘱咐宝宝头不能动，毛巾不能掉，去送给爸爸。

3.教宝宝学习顶着毛巾蹲下捡物，以及顶着毛巾跪着走，也叫顶着毛巾膝行。

早教指南

头顶着东西走路有助于平衡能力的提高。开始宝宝的头总是动，毛巾老是掉下来。经过练习，有的宝宝就能控制头部不乱动，比较稳当地顶着毛巾走路了，之后可以学习顶物捡物和顶物膝行。如果15个月的宝宝还不会跪着走，先学膝行，再学顶物膝行。

运动游戏 YUNDONG YOUXI

爬下阶梯

● **游戏目的**

练习攀爬台阶；感受上下和高低。

● **游戏准备**

低矮的几级台阶。

● **游戏步骤**

1.妈妈保护好宝宝，让宝宝自己探索如何爬上、爬下低矮的台阶。

2.选择更多层数的矮台阶让宝宝攀爬。

早教指南

妈妈要敢于放手让宝宝锻炼爬梯技能。鼓励宝宝自己想办法如何爬下楼梯。有的宝宝会小心翼翼地试图用头朝下的姿势爬，后来觉得不安全，自己又调整方向，头朝上，腿先下，倒退着向下爬，最终获得了成功。

宝宝能够自己爬上爬下几层低矮的台阶。有的宝宝表现更出色，能从八九级矮台阶上爬下来，动作很娴熟。注意妈妈要保护好宝宝。

思维游戏 SIWEI YOUXI

找手绢儿

● **游戏目的**

学习按图案进行分类；分辨大小。

● **游戏步骤**

1.请宝宝分别指出图中的大小手绢。

2.请宝宝从大图中分别指出和小图图案一样的手绢。

早教指南

妈妈可以引导宝宝把大图中的图案逐个地与小图的图案相比对。宝宝分辨图案的能力与其图像知觉能力有关。平时多让宝宝按图案的异同将物体分类（可以从差别明显的图案开始，逐渐对近似图案进行分类），既培养了分类能力，同时也可以提高图像知觉能力。

思维游戏 SIWEI YOUXI

你来帮帮我

● **游戏目的**

了解日用品的用途；学习解决简单的问题。

● **游戏步骤**

1.妈妈指着左下图，让宝宝回答：妈妈要画画，用什么呢？妈妈想吃饭，需要用什么东西呢？妈妈想睡觉了，怎么办呢？鼓励宝宝指认或说出来。

2.妈妈指着右下图，让宝宝回答：妈妈想喝粥，需要什么东西来喝粥呢？妈妈渴了，怎么办呢？妈妈要给宝宝讲故事，用什么呢？请宝宝指认或说出来。

早教指南

1岁零2个月的宝宝能指出图中大多数的物品。宝宝平时生活经验的积累很重要，不经常接触或从没有接触过的事物，宝宝就指认不出来。如从没有接触过涂鸦的宝宝，就不知道画画要用笔。

家长要经常向宝宝讲述周围的事物和发生的事情，除了讲名称，还要简单讲一下用途和特点，要多跟宝宝说话，增加宝宝对生活经验和常识的积累。

语言游戏 YUYAN YOUXI

小鸭鸭这样叫

● **游戏目的**

学会根据成人的语言提示指认事物，同时练习发音。

● **游戏准备**

小动物图画书、小鸭子玩具。

● **游戏步骤**

1.妈妈和宝宝一起看小动物图画书，让他指一指什么动物在哪里，学一学小动物怎样叫。

2.妈妈手拿小鸭子玩具放在背后，对宝宝说："看看谁来啦？"然后出示给宝宝看，问宝宝这个动物怎么叫。

3.妈妈可以再次模仿鸭子的叫声，引起宝宝的兴趣。

早教指南

以游戏的方式教宝宝学说话，宝宝会觉得很有趣。如果宝宝可以发出几个单词，大人要及时给宝宝表扬。

语言游戏 YUYAN YOUXI

妈妈讲，我也讲

● **游戏目的**

刺激宝宝的听觉和语言发展；翻书练习还可以刺激手指精细运动能力的发展。

● **游戏准备**

图画书一本；室内、室外安静的环境。

● **游戏步骤**

1.妈妈拿出书对宝宝说："宝宝看，妈妈这里有一本很好看的书，书上有小兔子、小草，还有大树，宝宝快来看一看。"

2.把书先给宝宝，让他自己看，观察宝宝对书是否有兴趣，如果宝宝把书推开或翻了两下就扔了，妈妈可以把书拿过来，一页一页翻给宝宝看。

3.给宝宝看图画书的封面，告诉宝宝书的名字。

4.妈妈抱着宝宝，边看图书边把书中内容讲给宝宝听。

早教指南

讲故事对于提高宝宝的言语听觉能力、倾听习惯，以及语言符号识别能力都有非常重要的作用。翻书练习，还可以刺激宝宝手指精细运动能力的发展。书的选择要注意以下几点：选择图画书时要注意选择纸张不反光的，也不要有很硬的书皮；书的棱角最好是圆角，一般不要超过16页；书的画面要大，最好是无字书或者文字非常少的书。

语言游戏 YUYAN YOUXI

小燕子，你好啊

● 游戏目的

看图指物；训练有意注意与细节观察。

● 游戏步骤

1.妈妈讲一讲画面的内容。

2.请宝宝找一找一些细小的目标，如燕子的家、树上的鸟窝、小鸟宝宝、小鸟嘴里叼的虫子、蝴蝶结、小猫咪等。

早教指南

满周岁的宝宝，开始进入细节敏感期，能指认图中稍复杂一些的指定目标。1岁多点的宝宝对于阅读尚处于跳动翻页、手指图画的阶段。培养宝宝喜欢看图画并能够观察细节的兴趣和能力，是这几个月阅读训练的主要目标。

阅读不但指文字的阅读，还指画面的阅读。婴幼儿早期的阅读内容主要就是画面阅读，即妈妈在讲述画面内容时，用手指点着相应的部分，引导宝宝阅读画面，指认细节。妈妈提的阅读问题在该阶段主要是指认型问题，即提问某物、某人在哪里，请宝宝指认出来。

👑 **数学游戏** SHUXUE YOUXI

谁多谁少

● **游戏目的**

　　学习用目测法比较多少；模仿鸭子的叫声；模仿鸭子和兔子走路的动作。

● **游戏步骤**

　　1.请宝宝指认图中的鸭子和兔子哪边多、哪边少。

　　2.教宝宝模仿鸭子"呷呷"的叫声，以及鸭子走路的动作（两掌放于身体两侧，掌心向下，走路时身体一摇一摆）和兔子走路的动作（伸出食指放在头两侧，模仿兔子耳朵）。

早教指南

　　这时期的宝宝还不理解数之间的大小关系，所以不要让宝宝通过数数来比较1和3的多少，要直接让宝宝目测判断哪边多、哪边少。

　　注意，同时教宝宝多和少的数量概念，宝宝会发生混乱，可以先教宝宝学习多的概念或者先学少的概念。比如先让宝宝学习什么是少，等宝宝能够比较稳定地判断量少的集合或物群时，再学习量多的概念。

数学游戏 SHUXUE YOUXI

你好，数字宝宝

● **游戏目的**

学认数字。

● **游戏步骤**

1.请宝宝将图中数字1、2、3找出来。

2.可以配合着《数字儿歌》学认数字。

数字儿歌

1像铅笔能写字，2像小鸭水上划，

3像耳朵能听话，4像红旗哗啦啦，

5像秤钩能称重，6像豆芽笑哈哈，

7像拐杖帮走路，8像一个大麻花，

9像蝌蚪找妈妈，0像宝宝张嘴巴。

3.带宝宝找一找日历、计算器等上面的1～3。

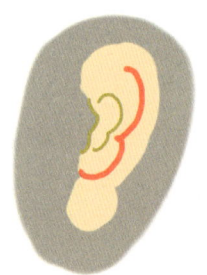

早教指南

妈妈可以拉着宝宝的食指，沿图上的数字1、2、3描一描，帮助宝宝强化对数字1、2、3字形的记忆。

将数字与具体的事物建立联系，可以增强宝宝对数字形状的联想与记忆。有时小鸭子就是2、耳朵就是3的另一个替代词，这对宝宝早期的数字识认是有一定帮助的。

游戏拓展

唱数练习

平时经常带着宝宝一起按序唱数或背数1~3，走路、上楼梯、摇小木马时都可以背诵。还可以和宝宝玩找数字的游戏，散开数字1、2和3的卡片或模型，请宝宝找到指定的数字。

磨豆浆

● 游戏目的

学习原地转圈；模仿喝汤的动作。

● 游戏步骤

1.爸爸和妈妈站在宝宝两侧，各拉着宝宝的一只手，边背儿歌，边做动作。

磨豆浆

磨、磨、磨豆浆，（父母带动宝宝原地转圈）

磨了一碗甜豆浆。（动作同上）

闻一闻，喷喷香，（停下来，父母凑到宝宝跟前，做出闻味道而陶醉的样子）

端上一碗你尝尝。（模仿端碗喝汤的样子）

2.妈妈背诵儿歌，鼓励宝宝独自原地转圈。

早教指南

原地转圈有利于感觉统合的发展。开始宝宝独自原地转圈的动作比较缓慢、笨拙，爸爸和妈妈可以推拉着宝宝转圈。14个月的宝宝逐渐学会转一个圈了，之后鼓励宝宝连转更多圈。

风婆婆

● 游戏目的

学习原地转圈；感知快慢和动停。

● 游戏步骤

1.妈妈抱着宝宝做儿歌《风婆婆》的动作，让宝宝体会明显的快慢差异。

风婆婆

风婆婆,送风来,（慢慢地原地转圈）

大风不来小风来。（动作同上）

大风刮得呜呜响,（原地转圈速度稍快）

小风刮得怪凉快。（原地转圈速度放慢）

风停了！（站立不动）

2.把宝宝放在地上，妈妈边背儿歌，边引导宝宝原地转圈。

早教指南

这时候的宝宝已经学会自转一两个圈，有的甚至会转好几圈。有的宝宝还不会原地转圈，主要是由于缺乏练习。可以让宝宝顺时针转一转，再逆时针转一转，学习正反两个方向都会转圈。转的时候动作要慢，在慢的基础上稍微加快点速度或减慢速度，让宝宝感受快和慢的不同。

小鸟飞飞

● **游戏目的**

　　刺激前庭觉；感受高低和动静；认识几种常见的鸟。

● **游戏步骤**

　　1.让宝宝先认识图中的大雁、麻雀和企鹅。

　　2.请宝宝站在空地上，伸开双臂，学小鸟张开翅膀。然后妈妈抱起宝宝，边慢速地朗诵儿歌，边抱宝宝做动作。

　　小鸟飞飞

　　大雁高高地飞,（高举宝宝走几步,再转个圈）

　　麻雀低低地飞,（低举宝宝走几步,再转个圈）

　　企鹅不会飞。（把宝宝轻轻放在地上）

早教指南

　　摇晃、旋转可以刺激宝宝的前庭觉。前庭觉负责人对重力的感受，以及对平衡、方向感和距离感的控制。前庭感觉系统的发育可以促进儿童整个脑功能的发展，有助于儿童协调全身各部位的动作和各种感觉系统的统合，因此前庭觉的刺激是非常重要的。注意高举、摇晃宝宝时要保证安全。

　　宝宝喜欢被成人抱得高高的，喜欢那种腾空的感觉。如果在高处再摇摇晃晃、转转圈的话，宝宝会乐出声来，不停地要求再玩一个。通过高、低、摇摆和静止不动，让宝宝感受高与低的空间位置，动与静的运动状态。

吹泡泡

● 游戏目的

学习绕圈走；感知大小、高低、快慢和动静。

● 游戏步骤

1.妈妈、爸爸和宝宝手拉手围个大圈圈。

2.妈妈一边背诵儿歌，一边带领大家绕圈走。

吹泡泡

吹，吹，吹泡泡，吹成一个大泡泡。

（大家手拉手绕圈走）

泡泡变小了，泡泡变大了，

（停下，手拉手先往圈里走，再往外退）

泡泡变小了，泡泡变大了。（动作同上）

吹，吹，吹泡泡，吹成一个大泡泡。

（继续手拉手绕圈走）

停！泡泡不动了。（全体停下，身体不动）

开始！泡泡又飞了。（重新绕圈走）

吹，吹，吹泡泡，吹成一个大泡泡。

（继续手拉手绕圈走）

砰！泡泡爆炸了。

（立定，手相互松开，同时把胳膊举起来）

早教指南

宝宝非常喜欢这个游戏。刚开始玩的时候，宝宝似乎还不太明白怎么回事，之后就能配合成人做各种动作，如变大圈，变小圈，停止不动，继续绕圈等。鼓励宝宝自己主动变化各种动作。

等宝宝对变大小泡泡的游戏比较熟悉了，可以让宝宝玩更多吹泡泡的游戏。把儿歌内容"泡泡变小了，泡泡变大了"换成"泡泡飞高了，泡泡飞低了"或"泡泡飞快了，泡泡飞慢了"，让宝宝在动作中感知飞高和飞低、飞快和飞慢的对比关系。

♛♛♛ **观察游戏** GUANCHA YOUXI

瓢虫躲雨

● **游戏目的**

学习用顺序观察法寻找目标；学习点数的技能；看细节丰富的图画书。

● **游戏步骤**

1.引导宝宝用顺序观察法找出图中所有的瓢虫，从上往下或从下往上地寻找。

2.全部找到后，引导宝宝伸出食指，数一数瓢虫有几只，最后妈妈报出总数。

早教指南

点数瓢虫时，鼓励宝宝和妈妈一起背诵数字，同时引导宝宝配合着做点数的动作。最后妈妈报总数："宝宝真能干，找到了3只瓢虫。"

游戏拓展 **增添画面丰富的图书**

宝宝满周岁了，开始进入细节敏感期。除了继续认画面大、内容单一的识物卡片外，还要及时为宝宝添加一些画面细节比较丰富的图书或图片，这样除了扩大认物范围和提供丰富的语言输入外，还能培养宝宝的细节观察力。

观察游戏 GUANCHA YOUXI

天鹅湖

● **游戏目的**

用顺序观察法寻找目标；将两个相同的物品归类；初步感知"一对"的概念。

● **游戏步骤**

1.引导宝宝找出所有头碰头的天鹅朋友。

2.请宝宝找出没有找到朋友的天鹅。

早教指南

妈妈先和宝宝碰碰头，告诉宝宝好朋友要碰碰头，然后再让宝宝寻找头碰头的天鹅。引导宝宝按一定顺序，如从左向右或从前向后寻找。当宝宝找到全部的天鹅好朋友时，再寻找没有头碰头的天鹅。注意强调"一对"，让宝宝明白"一对"就是两个相近的事物。

科学游戏 KEXUE YOUXI

气球真好玩

● **游戏目的**

感知空气的主要特征；比较气球和水球的区别。

● **游戏准备**

气球2个（一个吹气、一个灌水）、蜡烛。

● **游戏步骤**

1.先让宝宝自由玩一会儿气球和水球。

2.和宝宝一起玩气球和水球，如拍打、托、投、踢，感知气球轻盈、飘浮，水球沉重、弹跃等特点。

3.妈妈对宝宝说："气球里面有什么呀？有空气。"把气球对着宝宝的皮肤放气，感受气流的凉爽和冲力。把气球对着点燃的蜡烛放气，观察火焰的变化。还可以把气球放在水里慢放气，观察不断涌出的气泡。

早教指南

通过玩耍气球和水球，让宝宝从对比中感知气球与水球的不同之处，了解轻、重、飘、沉等含义。通过给气球充气和放气，把无形的空气化为可以直接感知的体验，帮助宝宝认识空气。玩蜡烛游戏时要注意安全。

律动游戏 Lü DONG YOUXI

青蛙跳

● **游戏目的**

从音乐中获得轻松愉快的情绪体验；学习跟着成人一起做各种动作。

● **游戏准备**

音乐《青蛙跳》、呼啦圈。

● **游戏步骤**

1.把呼啦圈放在地板上当作小池塘。妈妈和宝宝围着呼啦圈站好。

2.播放音乐。妈妈领着宝宝围着呼啦圈绕圈走。唱到"呱呱呱呱往下跳，扑通扑通响，不见了，扑通扑通响，不见了"时，请宝宝从呼啦圈外跨进呼啦圈，再从呼啦圈里跨步出来，接着再继续绕着呼啦圈转圈走。

早教指南

14～15个月的宝宝还不会双脚跳，妈妈可以拉着宝宝的手，帮助宝宝做跨进和跨出呼啦圈的动作，同时说明"跳到水里""跳到地上"，帮助宝宝理解音乐的情境。这时候有的宝宝走路已经相当稳了，有的宝宝还不太稳。对走得比较缓慢的宝宝，成人可以慢速地清唱这首歌，以便宝宝绕圈走时能基本合上拍。

👑 **律动游戏** Lü DONG YOUXI

士兵进行曲

● **游戏目的**

感受雄壮有力的音乐节奏；培养对律动活动的兴趣；模仿士兵立正、敬礼等动作。

● **游戏准备**

音乐《士兵进行曲》。

● **游戏步骤**

1.爸爸站在前面，妈妈拉着宝宝的手站在爸爸的身后。

2.播放音乐。爸爸喊："立正！出发！"全体一起随音乐的节拍踏步前进，绕圈行走。前奏、间奏和尾奏时，妈妈、爸爸和宝宝立定，相互之间敬礼。

早教指南

这时候的宝宝独自跟在成人身后有节拍地走路，所以需要妈妈拉着宝宝的手，跟着队伍行走。行走时保持队形不是重点，重点是通过走的动作培养宝宝的节奏感，能合着音乐的节拍行走。这时候的宝宝还不会踏起步子来走，要教宝宝随着节拍全脚掌踩地走，妈妈可以边走边喊"一、二、一、二"，使踏步更容易合上拍子。

👑 **泥塑游戏** NISU YOUXI

炸薯片

● **游戏目的**

学习把橡皮泥压扁和搓条；培养玩泥塑的兴趣。

● **游戏准备**

橡皮泥。

● **游戏步骤**

1.妈妈用橡皮泥捏个盘子和几个小圆球。

2.教宝宝把小圆球压扁做薯片，再把橡皮泥放在手心里或桌子上来回搓条做牙签或筷子。

3.把橡皮泥薯片摆在盘子里，一起分享吧。

早教指南

刚接触橡皮泥时，由于好奇，宝宝喜欢随意揪扯橡皮泥。每次泥塑活动，妈妈最好提供一两种颜色的橡皮泥让宝宝玩，防止宝宝一下子将所有的橡皮泥都揪扯完。

宝宝一接触橡皮泥就喜欢上了，有的宝宝还会玩假装游戏，把橡皮泥放在嘴边假装吃。注意宝宝还处于口腔探索敏感期，有时会试图把橡皮泥放入口中。触觉敏感型的宝宝可能会对橡皮泥敬而远之，不要强迫宝宝立即接受橡皮泥，要给他接受的过程。

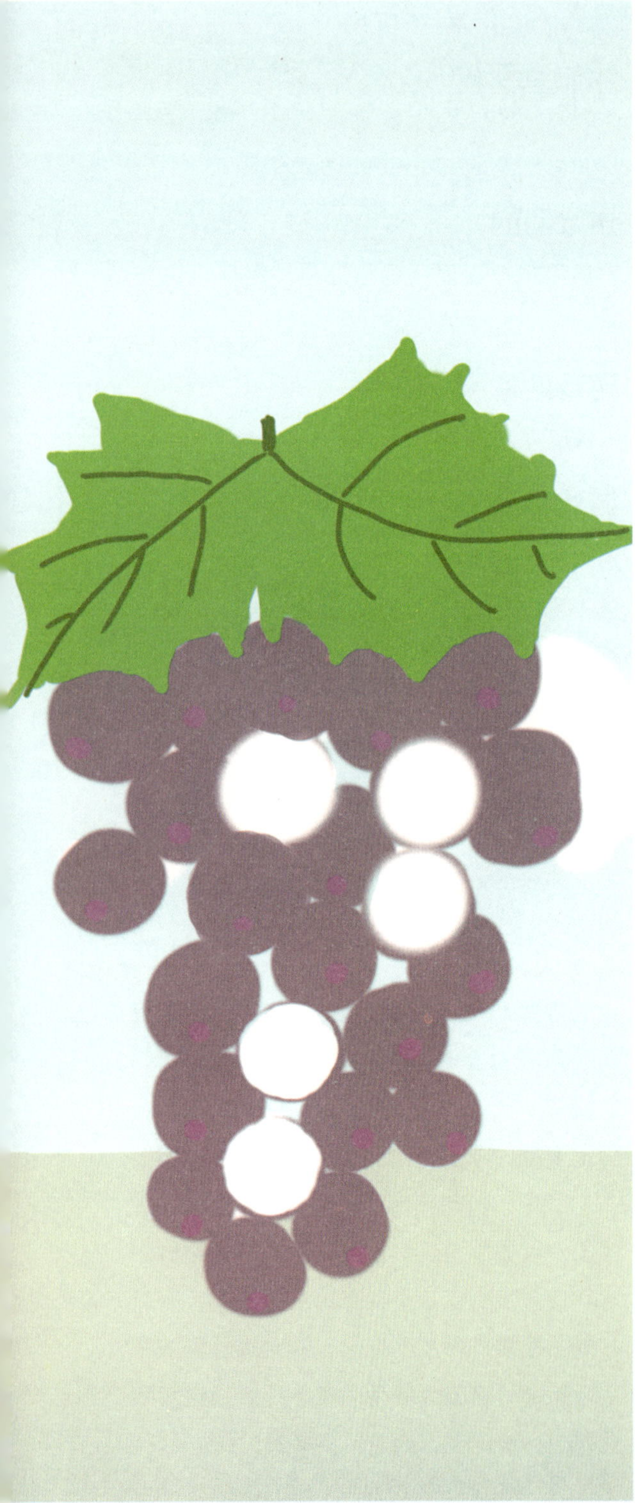

纸工游戏 ZHIGONG YOUXI

葡萄熟了

游戏目的

学习揉纸球；练习用两指指尖把纸球捏入指定位置。

游戏准备

小片的紫色或绿色皱纹纸。

游戏步骤

1.教宝宝把一张皱纹纸放在手心里揉成小纸球当葡萄，可以多揉几个。

2.帮助宝宝把揉好的小纸球放在图中的圆形空白处。

早教指南

教宝宝转动手掌将纸揉成球儿。揉纸球是一个不太容易掌握的技能，有的宝宝只会将纸片攥小或搓细，不会揉球。揉纸球和揉橡皮泥球是同样的动作技能，与平时是否练习有很大关系。有的宝宝14个月能学会用手心揉成团儿，说明小手肌肉发展得不错。

14个月的宝宝将纸球或贴纸放在某个位置上的精确控制能力还比较弱，妈妈可以帮着宝宝用食指和拇指的指尖捏起一个纸葡萄，放入图中圆形空白处。这个游戏可以有效训练宝宝的手眼协调能力。注意不要让宝宝把纸葡萄放入口中。

绘画游戏 HUIHUA YOUXI

快乐的瓢虫

● **游戏目的**

在指定的小区域里画点；培养对涂鸦的兴趣。

● **游戏准备**

黑色水彩笔。

● **游戏步骤**

1.妈妈帮助宝宝正确握笔。

2.教宝宝在图中瓢虫的轮廓里点上点儿。

早教指南

在小区域里点点儿对宝宝的手眼协调能力要求较高。有的宝宝上来就随意涂画，要教宝宝在瓢虫身上落笔。提醒宝宝轻轻点点儿，不要用太大的力去戳。

宝宝开始能按要求把笔点在瓢虫轮廓里，之后就会出界，在轮廓外点点画画了。只要宝宝能有意识地控制在瓢虫的轮廓里点上一些点，就非常好了。注意，不要将一盒水彩笔直接拿给宝宝，以免宝宝被五颜六色的水彩笔吸引，只顾玩水彩笔了。另外，不要让宝宝拿着笔到处走动。

1岁1个月~1岁3个月宝宝智能档案

运动	感知觉	观察记忆	思维	数学
★ 能举过肩抛小球 ★ 会爬上、爬下台阶 ★ 会一页页翻书 ★ 会拉拉链 ★ 能扶栏两足踏，一级级地上矮台阶 ★ 会插细孔 ★ 会剥糖纸 ★ 会穿较大的木珠	★ 能在黑暗中指出熟悉场所的方向 ★ 能两两分辨物体的大小 ★ 能认1~3种颜色 ★ 知道上下、里外 ★ 理解时间上的先后 ★ 能认3~6种几何形 ★ 会用嗓音模仿更多的声音 ★ 能感知长短、快慢、高低 ★ 会独自套上大、中、小3个套盒	★ 能找出高空中的风筝 ★ 能找到当面藏起来的物品 ★ 能找到图中全部相同的事物3~6个 ★ 知道2个物品中少了哪个 ★ 能自己翻书找到指定页 ★ 能记住自己把东西放的位置	★ 按要求能对大小、图案等进行分类 ★ 能指出周围某种形状或颜色的一些物品 ★ 知道熟悉物品的用途 ★ 会按衣物所属分类 ★ 见人会称呼	★ 开始认数字 ★ 学习数手指 ★ 能感知1与许多 ★ 开始学习点数3以内的数

语言	音乐	美术	社会交往	生活自理
★ 能看图找到细节 ★ 喜欢模仿各种声音和动作 ★ 开始进入单词句阶段 ★ 会正确翻书 ★ 阅读时有指指点点、牙牙作语想交流的倾向 ★ 能执行简单的语言指令 ★ 能看稍长一些的图画书 ★ 喜欢儿歌表演 ★ 会背诵儿歌中押韵的字	★ 听见音乐会主动打拍子、舞动身体 ★ 会一边哼唱一边手舞足蹈 ★ 喜欢主动探索乐器的玩奏方法 ★ 开始由周岁前的咿呀歌向哼唱歌转变 ★ 能跟着音乐节奏快速、正反向地绕圈走	★ 能控制小手在指定轮廓内涂鸦 ★ 会把橡皮泥压扁和搓条 ★ 学会画封闭曲线甚至会画圆 ★ 会搓纸球 ★ 会在较小的轮廓里画点和线 ★ 能学会自己双手使用胶棒粘贴纸片	★ 开始出现执拗行为 ★ 会用手势或语言向人打招呼 ★ 叫名字会答应或走过来 ★ 知道好与坏 ★ 喜欢与人分享 ★ 做事有一定的专注性 ★ 能够等待一会儿 ★ 很会独处玩耍 ★ 知道衣物是属于谁的	★ 大小便时会表示出来 ★ 会将脱的鞋和帽放在固定位置 ★ 会脱外衣的袖子、帽子 ★ 会把帽子放头上 ★ 能比较熟练地用勺子吃饭 ★ 有大小便时会及时找便盆坐下

第6章

1岁4个月~1岁6个月
亲子早教游戏

感觉游戏 GANJUE YOUXI

公鸡喔喔啼

感觉游戏 GANJUE YOUXI

和球宝宝捉迷藏

● **游戏目的**

听辨公鸡和猪的声音；模仿公鸡与猪的声音和动作。

● **游戏准备**

公鸡和猪声音的录音带、公鸡和猪的识图卡。

● **游戏步骤**

1.依次播放或者模仿公鸡和猪的声音，请宝宝从公鸡和猪的识图卡中指出是谁发出的声音。

2.请宝宝学一学公鸡"喔喔"的叫声和鸡冠的造型(手掌立在额头处，并做点头动作)。

3.模仿小猪"哼哼"的叫声和拱鼻子的动作（食指向上顶着鼻子尖）。

早教指南

很多宝宝已经喜欢上听觉游戏了，他们盼着赶快放录音来玩模仿秀呢。宝宝们会积极指认谁发出的声音。如果有的宝宝对声音听辨和动作模仿还不敏感或不太喜欢的话，可能是平时较少接触这种猜声音的游戏。现在宝宝之间的听辨能力已经产生了差异,听辨水平弱的宝宝可要加油哦。

● **游戏目的**

用触觉感知大小；对手部进行各种触觉刺激。

● **游戏准备**

大小物品（球、盒子、勺、碗等）、布袋。

● **游戏步骤**

1.出示一个大球和一个小球请宝宝分辨大小。

2.再把大球和小球放入布袋里，请宝宝把手伸进布袋里，按要求摸出大球或小球。

3.同样，把大小盒子、大小勺子、大小碗、大小汽车等，分别放进布袋里进行触摸分辨。

早教指南

这时候的宝宝还不会在3个变量之间用触觉分辨大小，所以每次只让宝宝在两个物品中触摸分辨。宝宝摸出一个物品判断大小后要再放回布袋，使布袋中的物品保持为两个。有的宝宝不习惯用手在布袋里触摸，总想打开布袋看着拿，还有的宝宝习惯性地只伸一只手去摸，或者手伸进去随意就抓出一个。要教宝宝用两只手在布袋里逐个进行触摸分辨。

感觉游戏 GANJUE YOUXI

动物声音大不同

● **游戏目的**

听觉记忆训练；掌握各种动物的声音和动作。

● **游戏准备**

猫、牛、狗、鸡、羊、鸟、马和猪声音的录音带，常见动物识图卡。

● **游戏步骤**

1.依次播放猫和牛的声音，然后请宝宝从图1中指认或说出都是谁的声音。

2.依次播放狗和鸡的声音，然后请宝宝从图2中指认或说出都是谁的声音。

3.依次播放羊和鸟的声音，然后请宝宝从图3中指认或说出都是谁的声音。

4.依次播放马和猪的声音，然后请宝宝从图4中指认或说出都是谁的声音。

早教指南

每分辨一组声音，鼓励宝宝模仿出这些动物的声音和动作。

因为这种记忆的介质是声音，所以这种记忆与听觉记忆相关，称为听觉记忆力。喜欢玩听觉游戏的宝宝有的能从3张图中指认出连续播出的2个声音是什么。有的宝宝还达不到这个水平，一是与听觉分辨能力有关，还有就是与听觉记忆力有关，还需要平时加油哦。

摸五官

- **游戏目的**

    认识五官的作用及空间位置；隔布摸五官。

- **游戏准备**

    自制抠掉眼、鼻、口的脸谱纸和布。

- **游戏步骤**

    1.妈妈先把脸谱纸盖在脸上，先让宝宝了解五官的名称、作用和相对位置，同时向宝宝强调嘴巴在下面、耳朵在两边、鼻子在中间、眼睛在上面。

    2.妈妈再用一块布蒙着自己的脸，请宝宝分别摸眼睛、鼻子和嘴巴。

早教指南

周岁前宝宝就认识了五官，但对其作用和在脸上的位置还不十分清楚。宝宝很喜欢这个游戏，先让宝宝通过脸谱纸了解五官的位置，再蒙上布让宝宝摸。宝宝摸不到，总想拉下布去看。妈妈可以在布后面张张嘴巴、动动鼻子做提示。

声源定向

- **游戏目的**

    注意力分配训练。

- **游戏准备**

    捏响玩具若干个。

- **游戏步骤**

    1.妈妈、爸爸、爷爷、奶奶、阿姨围着宝宝坐成一圈，与宝宝的距离0.5～1米，每人手里拿一个捏响玩具，都背在身后。

    2.其中2～3人在身后同时捏响玩具，请宝宝听一听是谁的背后发出了声音。

早教指南

除了捏响玩具，妈妈也可以用其他发声的东西，如打击乐器、自制沙瓶等来做这个游戏，只要能发出声响的东西都可以使用。

宝宝非常喜欢玩这个声音游戏，有的宝宝能听辨出声源，说明宝宝的听力定位相当好。也有的宝宝会不太明白这个游戏的意思，还需要加油。

摸摸看

游戏目的

听名称摸出相应的物品；认识圆柱体和长方体；分辨粗细、厚薄和宽窄。

游戏准备

几种常见物品和玩具、圆柱体和长方体物品各一个（盒子、瓶子等）、布袋。

游戏步骤

1.妈妈把几种常见物品出示给宝宝。每两个常见物品为一组放入布袋，请宝宝按要求摸出相应的物品。

2.另外让宝宝分辨圆柱体和长方体的物品，再把这两个物品放入布袋中，请宝宝分别摸出圆柱体或长方体。

早教指南

妈妈选择的常见物品对宝宝一定是熟悉的，如梳子、棉花、羽毛、钥匙、空瓶子、吹气的小气球、胶棒、小锁等。不要使用宝宝从未见过或不熟悉的东西来做这个触觉游戏，另外每组的两个物品也要有明显的外形差异。每次往袋子里放两个物品，每摸出一个物品，判断正误后再放回布袋，使布袋中的物品保持为两个。

引导宝宝将双手伸入布袋中，挨个地拍打、抓握里面的两个物体，然后进行判断。1岁半时，有的宝宝能正确分辨部分实物，有的宝宝则不理想：有的还不习惯手在布袋里触摸，总想去看布袋里的东西；有的手伸进去随意就抓出一个，或者一次将两个物体都拿出来。做得不好的宝宝说明其大脑—触觉协调能力还有待提高，平时要多玩这个触觉分辨游戏。

触摸分辨圆柱体和长方体时，妈妈不要说物品的名字，而是直接说"摸出圆柱体或长方体"。平时要让宝宝有意识地对比玩耍各种圆柱体和长方体的物品。

视觉分辨粗细

宝宝比较准确地分辨物体的大小后，妈妈要教宝宝分辨物体的长短、粗细、厚薄、宽窄。注意分辨这些属性时，要一端对齐，这样宝宝更容易判断。

广义的物体大小，指物体三维的量均可发生改变，表现为大小、长短、粗细、宽窄、薄厚等量的变化。因此，对物体大小的分辨，广义上包括对物体的大小、长短、粗细、宽窄、薄厚等量的分辨。

伸出右手像棵树

● **游戏目的**

认识自己身体的左右部位；学习儿歌表演。

● **游戏步骤**

1.妈妈晃动十指，说："看，小树摇一摇。"

2.妈妈背诵儿歌，带着宝宝一起做儿歌表演。

左右歌

伸出右手像棵树,(伸出右手,五指张开)

伸出左手光秃秃。(伸出左手,握起拳头)

小树随风摇一摇, （挥舞右手）

光秃小树长叶了。(左拳张开,伸出五指)

早教指南

为了加强宝宝对左右手的认知，妈妈可以在宝宝的右手或左手系上红绳或戴上手镯，从视觉上起到提醒的作用。如果妈妈面向宝宝，则要注意镜像问题，即"伸出右手像棵树"时，妈妈要伸出左手，使宝宝更多的时候能模仿妈妈伸出自己的右手。等宝宝辨认自己的左右手比较准确了，再让宝宝辨认自己的左右脚、左右腿、左右耳朵等，将左右概念迁移到更多的自身部位。

秋风吹

● **游戏目的**

模仿吹出不同级别的风，促进宝宝感知觉的发展。

● **游戏准备**

一小段毛线绳或纸条。

● **游戏步骤**

1.教宝宝对着一段毛线绳用不同的力度分别吹出无风、小风、大风和狂风4个级别的风来。

2.妈妈收起毛线，让宝宝直接来吹妈妈。妈妈摇摆的幅度逐渐变大，吹狂风时，妈妈可以夸张地倒在地上，让宝宝获得更大的直观感受。

早教指南

宝宝喜欢这个游戏，有的宝宝还能吹出包括狂风在内的4个级别的风。注意教宝宝模拟4级风的区别要明显。

游戏拓展

谁的手和脚

全家人把手集中放到宝宝面前，挡住胳膊，让宝宝观察分辨都是谁的手。成人手上不要有线索性的东西，如涂指甲、戴戒指和手镯等。有的宝宝可以通过大小、皱纹、肤色等特征判断出爸爸、妈妈、爷爷、奶奶等人的手。同样，也可以让宝宝分辨全家人的脚。

直直腰和弯弯腰

● 游戏目的

辨认直线和曲线；学习按线条进行分类。

● 游戏步骤

1.请宝宝指认图中 4 种直线和曲线的物品。

2.再引导宝宝找一找两张运动员的图中，哪里有直线，哪里有曲线。

早教指南

引导宝宝找出图中所有的直线和曲线，可以拉着宝宝的手指分别描一描图中的直线和曲线部分，反复告诉宝宝直线是腰板直直的，曲线是腰板弯弯的，加强宝宝对线条的感知。

游戏拓展

寻找直线

寻找直线和感知其他几何形状一样，宝宝对线条的感知也是建立在大量的实物和图形认识的基础上的。妈妈带着宝宝在生活环境中寻找更多的直线和曲线物品，比如"宝宝真棒，找到了一个直线，是桌子腿"。宝宝涂鸦时，妈妈可以指着宝宝无意中画的线团，说"这是曲线，这是直线"，并教宝宝有意识地画出直线和曲线。

白天和晚上

● 游戏目的

感知昼夜特征；感知昼夜主要活动；看图说话。

● 游戏步骤

1.结合图①和图②，向宝宝介绍白天和晚上的主要特征。

2.给宝宝讲一讲图③、图④、图⑤、图⑥中宝宝白天和晚上的主要活动，要求宝宝有所感知即可。

3.引导宝宝说出各图中小朋友正在做什么，说出一两字即可，如"读书"或"书"。

早教指南

认识昼夜不是几次练习就能掌握的，要结合真实的昼夜场景和昼夜活动，让宝宝逐渐感知白天和晚上的特征和变化。

宝宝的时间知觉能力有着差异性，有的宝宝经过反复学习，1岁半时才能比较准确地区分出昼夜，而有的宝宝16个月初不但能指认白天和夜晚的图片，还能指出昼夜的原因（宝宝会指着太阳、月亮或灯光等细节）。

①

②

③

④

⑤

⑥

记忆游戏 JIYI YOUXI

雪人不见了

● 游戏目的

训练无意记忆再认能力；听故事理解大意。

● 游戏步骤

1.请宝宝看上图，妈妈先讲一讲上图的小故事。

2.盖住上图，请宝宝凭回忆指出下图中那个晚上跳舞的雪人。

早教指南

先给宝宝讲小雪人的故事，让宝宝了解故事的大概，对小雪人充满兴趣，要特别讲一下雪人的装束，加强宝宝对雪人的无意注意。

宝宝以无意记忆为主，即不带有目的性和意志性的努力去记忆事物，可以通过强调特征、激起兴趣等方法提高宝宝的无意记忆。如果宝宝回忆不出是哪个雪人，妈妈可以提示小雪人的装束，让宝宝根据描述的线索找到小雪人。

谁漂亮

● **游戏目的**

训练无意记忆的再认能力；理解"漂亮"等形容词。

● **游戏步骤**

1. 请宝宝从上图中挑选他认为漂亮或好看的自行车。

2. 盖着上图，请宝宝凭记忆从下图中指出上图中出现过的自行车。

早教指南

教宝宝选择他喜欢的东西，可以强调"美丽""漂亮""好看"等形容词，使宝宝将这些比较抽象的概念与喜欢的心理感受相联系，帮助他感知美好的事物。宝宝还不会说出喜欢的原因，只会凭本能选择他认为喜欢的东西，通常宝宝喜欢色彩鲜艳、形象生动的事物。

事先不要对宝宝做记忆提示，请宝宝凭无意记忆做记忆游戏。妈妈还可以用更多的图形或实物让宝宝做这个记忆游戏。有的宝宝无意记忆能力比较强，做这样的3选1游戏，有一定的正确率。

 **记忆游戏** JIYI YOUXI

寻找图形宝宝

● 游戏目的

有意记忆训练；区分长方形、椭圆形和扇形。

● 游戏准备

自制长方形、椭圆形和扇形的形卡。

● 游戏步骤

1.妈妈先让宝宝分辨长方形、椭圆形和扇形的形卡。

2.提醒宝宝注意看，然后当着宝宝的面，把3个形卡分别藏在3个地方，然后请宝宝开始寻找3个形卡，不要求宝宝按藏物顺序寻找。

早教指南

妈妈在藏图形之前，要提醒宝宝注意看，唤起宝宝的有意注意，使宝宝带着记忆的目的去记忆。

通常宝宝心急，还没等妈妈藏好第三个图形卡时，就开始到第二个藏物地点找了，说明宝宝的记忆目的仍不明确。妈妈要告诉宝宝耐心一些，等妈妈藏完3个图形后再来找。

有的宝宝记忆力不错，能从后到先找到全部的3个图形卡。宝宝还会自己模仿藏几个东西让妈妈找。可反复玩这个游戏。

游戏拓展

藏物找物的游戏

妈妈可以经常和宝宝玩藏物找物的游戏。15个月龄宝宝的长时记忆力有了进一步的发展，找物能力也提高了许多，能记住自己前几天藏物的地方，也能找到别人藏起来的东西。但是明确记忆目标，同时记忆3处藏物之处，这对宝宝短时的记忆容量还是有一定挑战性的。

手指游戏 SHOUZHI YOUXI

钓小猪

● **游戏目的**

学习钓的精细动作；学习点数；培养做事有耐心。

● **游戏准备**

垂钓玩具。

● **游戏步骤**

1.妈妈先做示范，把磁性钓竿的线绳收短后，再去钓小猪的磁鼻头。

2.鼓励宝宝自己钓更多的磁性小猪，和宝宝一起数数共钓了几个。

3.逐渐将钓竿的线绳放长，再来钓小猪。

早教指南

开始宝宝还不清楚用竿子的磁坠儿去钓，只知道用杆子的顶端去碰小猪，或者干脆等不及，直接用手去拿。经过练习，宝宝知道了用杆子的磁坠儿去碰小猪的鼻子，但只能将钓竿的线绳收得很短才能钓起。之后，宝宝逐渐放长线也能将小猪钓起来了。

经常练习垂钓游戏的宝宝，17个月时就能熟练迅速地放长线钓大鱼了，18个月时能从细长的容器中钓出磁性小猪。妈妈通常认为穿珠、钓鱼等是较高难度的精细动作，通常不会在宝宝很小的时候提供给宝宝。其实宝宝的小手是非常灵巧的，熟练地穿珠和钓鱼是不难达到的。

手指游戏 SHOUZHI YOUXI

夹丸子

● **游戏目的**

学用筷子夹东西；学习揉纸球；区分红、绿、黄三色。

● **游戏准备**

裁成小片的红、绿、黄三色的皱纹纸及儿童筷子、碟子。

● **游戏步骤**

1.妈妈和宝宝一起将事先裁成小片的皱纹纸揉一些小纸球当丸子。

2.教宝宝学拿儿童筷子，按要求夹起指定颜色的小纸团，把丸子放入碟子里。鼓励宝宝用左右手都试着拿筷子夹纸团。

早教指南

妈妈先和宝宝一起在手心里揉纸球。若宝宝只会捏小或搓条，妈妈可以手把手地教如何旋转着揉出纸球。

不要求宝宝能正确拿筷子，只要宝宝想方设法将纸团夹起就非常了不起了。有的宝宝能夹起小纸球，但在运送纸团时筷子会松，小纸球会掉下，要提醒宝宝把筷子夹稳。因为宝宝的专注力有限，小手肌肉也容易疲劳，每次让宝宝夹起几个纸球即可。如果宝宝兴趣很大，可适当再夹几个。使用筷子时要注意宝宝的安全。

运动游戏 YUNDONG YOUXI

托物走

● **游戏目的**

学习用勺托球走路；学习不用扶自己上矮台阶。

● **游戏准备**

乒乓球、勺子。

● **游戏步骤**

1.教宝宝用勺子托着一个乒乓球走路。

2.妈妈可以和宝宝一起进行勺托球比赛。

早教指南

宝宝非常喜欢用勺托乒乓球走路。虽然开始时一步也走不了，但兴致高涨，学习的速度也比较快。经过练习，宝宝能托球走上几步甚至几米远，球也不掉下来。

游戏拓展

自己上台阶

鼓励宝宝不拉成人的手，也不扶栏杆，自己一步一级地上较矮的台阶。注意每次练习的时间不要太长。

运动游戏 YUNDONG YOUXI

投球能手

● **游戏目的**

学习定向投掷；自己独立踢球。

● **游戏准备**

小皮球。

● **游戏步骤**

1.请宝宝站立不动，按要求将球分别投给正前方和左右侧不同的方向。

2.用左右手反复练习不同方向的投掷。

3.不扶宝宝，请宝宝站稳后独立将球踢向前方。

早教指南

宝宝通常很喜欢玩球，父母要抽时间经常和宝宝玩一玩球，训练宝宝上下肢的协调性。

定向投球时，宝宝要原地站立，举球过肩，向前方或侧方将球使劲抛出去。宝宝投球时双脚经常移动，妈妈要扶着宝宝的腿站立不动，使宝宝只能原地转身，调整投球方向。爸爸和爷爷可以一起加入这个游戏，各站在宝宝的一侧，鼓励宝宝将球投给爸爸和爷爷。

鼓励宝宝不扶物自己独立踢球，教宝宝抬起脚来，向着前方把球踢出去。如果球的方向经常不太偏离，那成绩是相当不错的哦。

运动游戏 YUNDONG YOUXI

走平衡木

● 游戏目的

走略高出地面的 10 厘米宽的平衡木；拉宝宝的手学习双脚跳和登高跳。

● 游戏准备

窄台沿儿。

● 游戏步骤

1.妈妈在户外寻找一个略高出地面、约 10 厘米宽的台沿儿，如人行道和花园里的台沿儿；或者在室内用木板、砖头等自制一个符合要求的平衡木。

2.鼓励宝宝走平衡木，可以略扶一下宝宝。

早教指南

宝宝走平衡木的能力差异比较大，关键在于成人是否为宝宝提供走窄路和走平衡木的机会。

开始练习走平衡木时，妈妈可以扶着宝宝走，之后，慢慢松手，在略扶的情况下，鼓励宝宝依靠自己的平衡感走平衡木。依宝宝的兴趣，每次可以走两三个来回，每天练习几次。注意走平衡木时要保护好宝宝。

18 个月左右，宝宝的平衡能力出现较大的发展。那些得到练习机会的宝宝能独自不扶地，飞快地走过半米高、25 厘米宽、十几米长的台沿儿；也可以在略扶的情况下慢慢地走 10 厘米高、单脚宽的台沿儿。缺乏练习机会的宝宝，18 个月时走地面上的 15 厘米的窄路还需成人扶着。从中可以看到，宝宝能力的差异很大程度上其实是家长的差异，差异之处在于家长是否能为宝宝提供丰富而适宜的刺激。

游戏拓展

跳起来

17~22 个月是宝宝学习双脚跳的关键期。妈妈可以拉着宝宝的双手往前上方起跳，学习双脚跳；还有让宝宝站在最下面一级的矮台阶上，拉着宝宝的手往下跳，学习登高跳。这两种起跳都可以锻炼宝宝双腿的力量，为早日能独立进行双脚跳做准备。

运动游戏 YUNDONG YOUXI

赶小猪

● **游戏目的**

远距离踢球；用棍棒将球打入指定目标；培养做事要有耐心。

● **游戏准备**

短棒、海绵球（或纸球、按摩球等）、呼啦圈。

● **游戏步骤**

1.请宝宝不扶东西，自己抬腿，向前方使劲踢球。

2.妈妈把呼啦圈平放在地板上当猪圈，在远处放一个海绵球当淘气的小猪，请宝宝把小猪赶回猪圈睡觉去。

3.教宝宝手持短棒，控制力度和球滚动的方向，慢慢将海绵球打入呼啦圈中。

早教指南

宝宝现在可以比较熟练地独自抬腿踢球了，通常能对着前方踢出去，但有时也会出现失控踢到其他方向的现象。注意让宝宝左右腿轮换着踢球，使双腿的力量均衡发展。

用棒把球打入目标圈里，宝宝不但需要控制上肢运动的方向，还要控制上肢的力度。通常宝宝会对着呼啦圈的方向使劲打球，有时球经过呼啦圈又跑到远处了，宝宝这才意识到需要轻轻打球。经过摸索，宝宝不断地调整方向和力度，特别是临近呼啦圈时，宝宝会比较小心地将球打入圈内。有的宝宝比较会动脑筋，他不是竖着用棒头打，他会蹲下来，横着用整个棒打球。有的宝宝则比较心急，直接用手把球放到圈内，或者失去耐心跑开了，妈妈要多鼓励宝宝。玩短棒时要提醒宝宝注意安全。

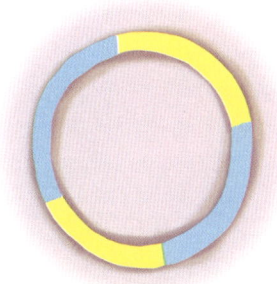

运动游戏 YUNDONG YOUXI

小小投球手

● **游戏目的**

学习在行走时将球抛出，训练身体平衡能力。

● **游戏准备**

小皮球。

● **游戏步骤**

1.请宝宝站立，将球举高抛给前方的妈妈。

2.引导宝宝双手抱着球，边走边将球抛给前方的妈妈。

早教指南

宝宝现在能进行定向投球、较远距投球，但行走时投球的动作还不容易做到。宝宝通常习惯于站定后再将球抛出去。边走边投球，宝宝不但需要手眼协调，还需要将四肢协调起来，才能将球在行走过程中抛向前方，因此协调程度比较高，动作比较复杂，掌握起来稍有难度。

宝宝投球时，总不自觉地想停下脚步，所以开始时妈妈扶着宝宝的双肩，随宝宝一起行走，防止宝宝停下脚步，同时不断要求宝宝将球抛向前方。宝宝终于尝试着做出了第一次的行走抛球动作，尽管球抛向了别处，但妈妈要给予大大的表扬。

趣味游戏 QUWEI YOUXI

小鸽子来锻炼

● **游戏目的**

学习灵活地踮脚尖、原地转圈和直体滚动；模仿鸽子的叫声和动作。

● **游戏步骤**

1.教宝宝模仿鸽子走路的动作（两腿伸直，上体前屈，双手扶腿，抬头向前走），边做边学鸽子"咕咕"叫。

2.妈妈背诵儿歌，带领宝宝一起做儿歌动作。

咕咕歌

咕咕咕咕踮踮踮，（原地踮起脚尖）

咕咕咕咕转转转，（脚尖落地，原地转圈）

咕咕咕咕蹲蹲蹲，（蹲下）

咕咕咕咕滚滚滚。（躺倒，直体打滚）

3.一起背诵儿歌，鼓励宝宝独自做儿歌动作。

早教指南

模仿鸽子的动作时，只要宝宝双手扶着腿走路即可，不要求模仿得多标准。宝宝学会踮脚尖后，很喜欢原地踮脚尖或者踮着脚尖走路。宝宝的脚部肌肉正在发育，注意不要让宝宝长时间地踮脚尖。

趣味游戏 QUWEI YOUXI

网鱼

● 游戏目的

训练宝宝灵活地起跑和停下。

● 游戏准备

呼啦圈。

● 游戏步骤

1.妈妈带着宝宝一起在室内或户外较大的空地处自由跑动，爸爸拿着呼啦圈来"网鱼"。

2.爸爸喊着："一网不捞鱼，二网不捞鱼，三网才捞鱼。"然后用呼啦圈圈住宝宝。

早教指南

17个月时大多数的宝宝会跑起来。会跑后，可以训练宝宝灵活地起跑和停下。除了直线跑外，可以让宝宝拐弯跑、绕物跑、来回跑和追逐跑。玩追逐跑时，成人的动作要放缓，来适应宝宝的运动速度和反应能力。宝宝跑步时难免会摔倒，鼓励宝宝自己爬起来。

我爱游乐园

17个月的宝宝可以玩更多的游乐设施，如打秋千，玩较长的滑梯，钻较长的有转弯的隧道和钻桶，走独木桥和踩梅花桩等，培养宝宝身体的灵活性、协调能力和胆量。

趣味游戏 QUWEI YOUXI

跟我学

● 游戏目的

学习倒走、踮脚走、跪走、倒爬等各种动作；学习站在原地转圈和迈大步交替走。

● 游戏步骤

1.在宽敞的地方，妈妈在前面边走边做各种动作，宝宝在后面跟着，模仿妈妈做各种动作。

2.妈妈可以边说"跟我学来跟我做，我跟着你来，你跟着我"，边做出各种动作让宝宝模仿。

早教指南

妈妈每说一遍"跟我学来跟我做"就做一个动作，并让宝宝跟着学。可以依次做如下动作：正走、倒走、踮脚走、蹲着走、跪走、倒爬、站着原地转圈、坐着原地转圈、学小鸟碎步走、迈大步学大象交替走等。

这个游戏是对宝宝之前所练习的一些花样走和其他一些基础运动技能的复习。新学的动作有坐着用手支撑地面，让身体原地转圈，以及左右腿交替迈大步走，其中交替迈大步较难掌握，需要多多练习。

观察游戏 GUANCHA YOUXI

谁不一样

● 游戏目的

求异观察；认识1与许多的数量差异。

● 游戏步骤

1.请宝宝把图中各组和其他不一样的事物指出来。

2.请宝宝指出各组中哪些事物是1个，哪些事物是许多个。

早教指南

刚做这个游戏时，宝宝会不明白"与别人不一样"的含义，妈妈可以进一步说明"哪个不是乌龟""燕子中有一个不是燕子，它在哪呢"，使宝宝逐渐明白游戏的要求。

如果宝宝还是分辨不出，妈妈可以指着每个图形，问宝宝"是它和别人不一样吗？"有些宝宝领悟得比较快，分辨得还是不错的，可要好好表扬宝宝哟。

动物找找看

● **游戏目的**

　　克服视觉干扰进行观察；理解部分与全体的关系；训练有意记忆的再认能力。

● **游戏步骤**

　　1.请宝宝指出或说出下面大图中都有哪些动物。

　　2.妈妈盖着大图，请宝宝指出或说出小图的哪个动物没在刚才看到的大图中出现过。

早教指南

　　宝宝已经认识动物的整体形象，但对有重叠、被遮挡的动物还较难分辨，说明宝宝从局部特征推断出全体的能力还有限。妈妈可以适当提示宝宝，如"身上有条纹的斑马在哪呢"、"张着大嘴、露着牙齿的鳄鱼在哪呢"。分辨小图时，事先提醒宝宝注意记住大图的动物，再凭记忆做记忆游戏。

思维游戏 SIWEI YOUXI

小助手

● **游戏目的**

了解日用品的用途；学习解决简单的问题。

● **游戏步骤**

1.看上图。妈妈向宝宝求助："请帮妈妈找一找梳头用的东西。""请你看一看哪个东西能刷牙呢？""妈妈要上班去，但外面在下雨怎么办？""妈妈做饭用什么东西呢？"鼓励宝宝指认或说出来。

2.看下图。妈妈向宝宝求助："妈妈要

给花浇水，用什么东西呢？""妈妈想听新闻和天气预报怎么办呢？""妈妈用什么能开房门呢？""妈妈很热，用什么东西能凉快凉快呢？"鼓励宝宝指认或说出来。

早教指南

根据平时的经验和知识的积累，宝宝会指认或说出一些解决方案，比如最常见的梳子、牙刷等，但对不常接触的喷壶、电扇、钥匙等，有的宝宝可能会不知道这些物品的用途。如果宝宝平时玩过，听家长讲过，或者在图书中看过，宝宝的认物量比较大，则有利于宝宝想出更多的解决办法。

思维游戏 SIWEI YOUXI

分分家

● **游戏目的**

按功用将吃和穿的事物分类；按类别将水果和交通工具分类。

● **游戏准备**

识图卡片若干张。

● **游戏步骤**

1.请宝宝指认上图中哪些能吃，哪些能穿。

2.请宝宝将下图的水果和交通工具指出来。

早教指南

快1岁半的宝宝可以学习按功用，如吃的和穿的，按类别，如动物、水果、交通工具、玩具、餐具等进行分类。父母不必进行太多的概念解释，通过大量练习，宝宝会逐渐概括出这些类别之间的差异的。

游戏拓展

按类别进行分类

妈妈可以用更多的识图卡片让宝宝做分类游戏，如让宝宝在家具与电器、动物与水果等相差较大的类别之间进行分类。如果两个类别比较接近，如鸡蛋和桃子，问宝宝哪个是水果，宝宝会很茫然，因为两者都是可以吃的东西，宝宝不容易分清。

一猜就是你

● 游戏目的

锻炼宝宝的认知、记忆能力，促进宝宝的语言发展。

● 游戏准备

一张较大的图画和白纸。

● 游戏步骤

1. 用白纸盖住图画，然后把白纸渐渐往下移，露出部分画面，让宝宝猜猜是什么。

2. 每多看到一点画面，宝宝便会期待到底是什么图案。妈妈可以同时制造一些音效，鼓励宝宝继续往下看。

3. 露出大部分画面，让宝宝说出画面的内容。

早教指南

这个游戏可以培养宝宝的观察力、注意力，使宝宝的好奇心得到激发和满足。经常玩这个游戏，会发现宝宝参与的积极性越来越高，并且能渐渐用自己的语言说出所有的内容，进一步激发宝宝说话的动力。

商品小买卖

● 游戏目的

提高宝宝的认知和语言能力，培养宝宝一些粗浅的买卖关系。

● 游戏准备

水果卡片和蔬菜卡片若干，和纸币差不多大的纸片若干。

● 游戏步骤

1. 将水果卡片和蔬菜卡片分别贴在墙上，给宝宝一些和纸币差不多大的纸片做"钱"。

2. 让宝宝来买水果、蔬菜，启发宝宝说出水果或蔬菜的名称，当宝宝念出物品的名称后取下相应卡片给，并收宝宝的"钱"。

早教指南

注意要选择一些宝宝常见的水果蔬菜，这样才有利于宝宝的认知。宝宝如果说不出来，大人要耐心地教宝宝说。

宝宝对这种买卖游戏很感兴趣，大人可以抓住这一点让宝宝开口说要买什么。宝宝只要发出正确的音就可以得到东西，这会让他有小小的满足感。然后大人鼓励宝宝买不同的东西，提高宝宝的语言能力。

语言游戏 YUYAN YOUXI

堆雪人

● **游戏目的**

培养阅读兴趣；回答描述型问题；训练有意注意与细节观察。

● **游戏步骤**

1.妈妈先讲一讲画面的内容。

2.引导宝宝通过指认或说话来回答问题，如孩子们穿戴着什么，谁是毛毛，孩子们用什么工具堆雪人，用什么做雪人的鼻子，雪地的脚印是谁的，找出所有的胡萝卜等。

早教指南

周岁前就开始阅读的宝宝，现在已经很喜欢阅读了，听到要读书了，就会安静下来，看书的耐性比玩玩具还要大。有的宝宝能专注地听上半小时，还能和妈妈一起阅读较长篇幅的图画故事。

16个月的宝宝语言理解力增强了，但语言表达仍处于由动作语言过渡到语言表达的单词句阶段。通常宝宝能说一些一两个字的词语，会背诵全首儿歌押韵的字。也有的宝宝说话早，本月已能说出很多的两个字了，有的还能说出完整句，背诵全首的儿歌。妈妈要鼓励会说话的宝宝用语言来回答问题，不会说话的宝宝则通过指认来回答。

之前宝宝主要回答的问题是指认型问题，即指出某物、某人在哪里的问题。现在妈妈要观察宝宝什么时候能回答出描述型问题，即是什么的问题，如宝宝能回答描述型的问题，说明他能进一步看懂图画的内容。

数学游戏 SHUXUE YOUXI

我的宠物乐园

● 游戏目的

感知 1 与许多；认识常见的宠物。

● 游戏准备

动物图卡。

● 游戏步骤

1.请宝宝分别指出图中各组的宠物哪边是 1 个，哪边是许多个，并指出两边谁多谁少。

2.出示动物识图卡，给宝宝讲一下还有哪些动物可以当人类的宠物，而哪些动物不可以。

早教指南

经过对具体事物 1 个与许多个的量的感知，宝宝能够从中概括出 1 个与许多个的区别了。对 1 与许多的量还比较模糊不清的宝宝，仍要从生活中继续认识 1 与许多的事物，感知量的差异。

游戏拓展

我爱宠物

妈妈带宝宝在社区和大街散步时，留意一下见到的宠物有哪些，引导宝宝对宠物进行观察，简单讲一下宠物对人们的作用，以及如何饲养宠物等简单的常识。

玩色游戏 WANSE YOUXI

美丽的青草地

● **游戏目的**

手指蘸色按一定方向画线条；学习有意注视作品。

● **游戏准备**

白纸、颜料、调色盘。

● **游戏步骤**

1.引导宝宝用食指蘸上绿色，在白纸上从上向下画一些短竖线做小草。

2.用湿纸巾把宝宝的手指擦干净，再用不同的手指分别蘸不同的颜色，在草地上点出花朵做装饰。一起欣赏美丽的青草地吧。

早教指南

如果不经过成人引导，宝宝往往上来就是自由涂鸦。妈妈要引导宝宝控制画线条的方向，从上向下用手指画小草。当宝宝有意无意地画出竖线或斜线时，妈妈要及时肯定："哇，好漂亮的小草！"鼓励宝宝有意识地画竖线。宝宝的专注力有限，画几根小草，点几个花朵即可，兴趣大的宝宝可适当再画几个。

18个月前的宝宝通常只关注涂鸦时的纯肌肉运动和对颜色的感官体验，很少去留意看自己画的内容。今后要慢慢让宝宝有意识地关注自己的涂鸦内容，欣赏自己的作品。

科学游戏 KEXUE YOUXI

冰冰凉和水汪汪

● **游戏目的**

认识冰块的主要特征；安静地观察过程和现象；认识冷热。

● **游戏准备**

冻好的2块小冰块、玻璃杯2个、热水、凉水。

● **游戏步骤**

1.取出2块小冰块，让宝宝用手玩一下，引导宝宝感受冰块的温度、质感、颜色等特征。

2.把2个冰块分别放在玻璃杯里，一个加凉水，一个加热水。注意加热水时要避开宝宝。

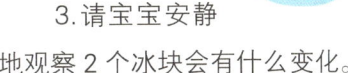

3.请宝宝安静地观察2个冰块会有什么变化。

早教指南

在观察过程中，教宝宝感知冷热，初步了解融化的现象。妈妈可以念冰块的谜语："白又亮，冰冰凉，滑溜溜，遇热水汪汪。"帮助宝宝感知冰的特点。宝宝的注意力短暂，要用碎冰，因为它能更快地融化，便于宝宝观察。

1岁4个月～1岁6个月宝宝智能档案

运动	感知觉	观察记忆	思维	数学
★ 会定向投球 ★ 能收腿走20厘米宽的窄路 ★ 会用勺子托球走 ★ 会小腿夹物走 ★ 跑得比较稳当 ★ 会自己扣按扣 ★ 能自己不扶栏上下较矮的台阶 ★ 能熟练地用勺子舀放乒乓球	★ 能触摸分辨物品的大小和软硬 ★ 能认4～8种几何形 ★ 能认4～6种颜色 ★ 知道自己的左右手 ★ 能分辨音量相差较大的大小声音 ★ 会将两块半圆拼成一个圆 ★ 知道图画的上下、左右方向 ★ 能对颜色进行匹配 ★ 能够分辨昼夜	★ 会观察并模仿用3块积木搭小桥 ★ 知道回家的路 ★ 知道在几个相似图形中找到不一样的图形 ★ 能找到更多甚至成人也容易忽略的细节 ★ 能独自表演较短的儿歌	★ 能按姿态、表情等进行分类 ★ 能对少量动物和食物、动物和脚印配对 ★ 能分出吃的、穿的、动物和植物类别 ★ 能从被遮挡的局部判断出全体 ★ 知道"我的""你的""他的"含义 ★ 能根据语言描述事物的特征找出相应事物	★ 认识数字1～5 ★ 学习数动作如数拍手和登楼梯数台阶 ★ 学习每人分配1个的量 ★ 能认识0～9个数字 ★ 能目测分辨数量相差大的集合的多少
语言	音乐	美术	社会交往	生活自理
★ 理解故事的能力有所提高 ★ 喜欢阅读，专注力有进步 ★ 能根据语言描述找到图画上的细节 ★ 会背诵儿歌中的押韵字、几句甚至全首儿歌 ★ 进入语言爆发期，出现电报句和简单句 ★ 能模仿更多的声音和动作 ★ 能连续做几个组合动作的儿歌表演	★ 通常是自发地打快速的小节拍，有时能模仿成人打一拍 ★ 随音乐摇摆身体和走圈基本上能合拍 ★ 能跟着大人学唱歌，但旋律和歌词很不清楚 ★ 会在音乐中模仿更多的动作 ★ 对音乐学习的兴趣和专注度进一步提高	★ 会画一连串的圆和单个的圆 ★ 有时会正确握笔 ★ 能有意识地控制画线条的方向 ★ 开始有意识地去看所画的内容 ★ 能使用胶棒粘贴比较小的纸片 ★ 能在小圆圈处印手指印画	★ 开始喜欢凡事自己做 ★ 知道排队、谦让 ★ 脾气变得比较大 ★ 能独处玩耍很长时间 ★ 开始喜欢为他人做简单的事情 ★ 知道物品有所属，会归还别人的东西 ★ 开始出现打人、抓人等现象	★ 会自己洗手 ★ 开始表现出劳动积极性 ★ 会把鞋套在脚上 ★ 会用勺吃半顿饭 ★ 会把上衣从套头处脱掉

第7章

1岁7个月～1岁9个月
亲子早教游戏

鞠躬
致谢

小手摸出来

● 游戏目的

隔布触摸物体轮廓；增加手部触觉刺激。

● 游戏准备

常见物品(如乒乓球、小梳子、小碗、酒杯、勺子、胶棒、小盒子)、宝宝的玩具、布。

● 游戏步骤

1.妈妈将常见物品分为几组，每组有3个物品，彼此之间要有明显的外形差异。

2.依次把每组物品用布蒙盖着，妈妈说物品名称，宝宝用小手隔着布把它摸到。

3.把常见物品换成宝宝的玩具再做这个游戏。

早教指南

教宝宝用小手轻轻地挨个儿拍打和触摸来分辨蒙着布的物品，可以促进宝宝手部触觉和轮廓知觉的发展。

小手最知道

● 游戏目的

触摸分辨粗细、厚薄和宽窄；增加手部触觉刺激。

● 游戏准备

长短笔、粗细笔、厚薄书、宽窄尺子、布袋。

● 游戏步骤

1.先让宝宝分别指认长笔和短笔、粗笔和细笔、厚书和薄书、宽尺子和窄尺子。

2.先把长短笔放进布袋里，请宝宝按长短将其摸出来。同样，再依次将粗细笔、厚薄书和宽窄尺子放进袋里，分别按粗细、厚薄和宽窄将物品摸出来。

早教指南

宝宝能够用视觉分辨出物体的长短、粗细、厚薄、宽窄等属性，但用触觉分辨还需要一定的练习。提醒宝宝要两只手伸进袋子里，通过逐个抓握和拍打物体来进行判断。

宝宝现在已经习惯并喜欢上玩触摸游戏。1岁半后男婴的触觉进步开始加快。

感觉游戏 GANJUE YOUXI

图形宝宝捉迷藏

- **游戏目的**

  学习用触觉分辨几何形；依据轮廓判断形状。

- **游戏准备**

  平面形（圆形、三角形和正方形）、立体形（球体、圆柱体、正方体和长方体）、布袋。

游戏步骤

1. 先让宝宝分别指出圆、三角形和正方形，教宝宝用手指沿这些形状的轮廓触摸一遍。

2. 再将其中的两个平面形如圆形和三角形放入布袋中，请宝宝分别把它们摸出来。

3. 重复玩这个游戏，反复在圆形、三角形和正方形之间触摸分辨。

早教指南

先让宝宝用手指沿平面形的轮廓触摸一遍，对这些形状的轮廓有所感知，再进行触觉分辨游戏。

每次摸出一个形状判断正误后再放回，使布袋里的图形保持为两个，让宝宝在两个图形之间触摸分辨。不少宝宝已经喜欢上玩触觉游戏了，但仍有的宝宝不习惯触摸分辨，教宝宝通过一一拍打和触摸图形的轮廓进行判断。

如果宝宝的成绩和兴致都不错，妈妈可以再加入其他学过的几种平面形如长方形、半圆形、五角形等来做这个游戏。

感觉游戏 GANJUE YOUXI

穿珠引线

- **游戏目的**

  学习不用眼睛看来穿木珠。

- **游戏准备**

  串珠玩具、布。

- **游戏步骤**

1. 先请宝宝熟练地穿几个木珠。

2. 把宝宝的眼睛轻轻蒙住，如果宝宝不适应，也可以用布将木珠遮盖住，鼓励宝宝的小手在布下面继续穿木珠。

3. 宝宝穿完珠，让宝宝一边把木珠从绳上退下，一边数着数，通过动作来辅助数木珠。

早教指南

之前宝宝已经学过在没有视觉的帮助下，仅凭触觉和本体觉投球入瓶。现在宝宝已经开始习惯不用眼睛看，就能在布下摸索着进行穿珠活动了，虽然动作还不熟练。要多鼓励宝宝，宝宝在鼓励下可以兴致盎然地穿上几个木珠。

平时可以多玩一下不用眼睛看的操作游戏，如穿串珠、套细棒、套碗、投硬币、插信封等，以加强本体觉的刺激。

感觉游戏 GANJUE YOUXI

谁在打滚儿

● **游戏目的**

用身体皮肤分辨不同质地的球。

● **游戏准备**

不同质地的球（如乒乓球、按摩球、海绵球）。

● **游戏步骤**

1.先把3个不同质地的小球在宝宝裸露的胳膊上来回滚动，让宝宝熟悉这3种不同的触感。

2.再分别把3个球在宝宝裸露的背上滚动，然后让宝宝指认或说出是哪个球在身上"打滚儿"。

3.同样，分别在宝宝裸露的其他部位如肚子、屁股、腿和脚心上滚动这3个球，让宝宝一一进行触觉分辨。

早教指南

要在室内温暖的情况下做这个触觉游戏。可以掀开宝宝的衣服，在宝宝的皮肤上滚动小球。如果天气炎热，宝宝的身体本来就是裸露的，这样做起游戏来会更方便。

如果宝宝的身体皮肤比较麻木，触觉分辨不出时，妈妈可以稍用点力来回滚动小球，给宝宝的皮肤较大的触压。练习几次，有的宝宝就可以渐渐分辨出来了，说明宝宝身体触觉的灵敏性发展得还是比较快的。宝宝分辨出来可要好好亲亲他哟，有的大人也不容易分辨出来呢。

知觉游戏 ZHIJUE YOUXI

大熊和小熊

● **游戏目的**

学会几种平面图形；学习儿歌《大熊和小熊》。

● **游戏步骤**

1.妈妈带领宝宝一起随儿歌用手指做造型。

大熊和小熊，住在小屋里。（做三角形手势）

大熊玩大皮球，（做大圆形手势）

小熊玩小皮球。（做小圆形手势）

大熊看大书，（做长方形手势）

小熊看小书。（做正方形手势）

大熊和小熊都有一颗爱心。（双手做心形）

2.妈妈说形状的名字，请宝宝做出相应的造型。

早教指南

妈妈做儿歌中的各种动作让宝宝模仿，鼓励宝宝听儿歌自己主动模仿出各种手势。平时经常做一做，既可以锻炼小手的灵巧性，还能让宝宝感知到形状是可以变化的。

知觉游戏 ZHIJUE YOUXI

水果颜色考一考

● **游戏目的**

　　辨别紫、红、绿、黄、橙等颜色；了解常见水果的典型特征。

● **游戏步骤**

　　1.请宝宝分别指认图中各种水果的颜色，着重认识新学的紫色。

　　2.帮助宝宝把紫色的水果用笔圈起来。

早教指南

　　最好让宝宝每次在 3 个颜色中进行指认，以免在过多的颜色中来选择会降低宝宝对颜色的分辨效果。重点教宝宝感知紫色，平时妈妈可以带着宝宝在周围环境中找一找哪里还有紫色。

　　经常让宝宝认一认水果、花卉、服装、日用品等颜色，巩固颜色分辨，可以促进颜色知觉的发展。

 游戏拓展

颜色配对

　　妈妈用各色彩纸自制颜色卡片，最好能剪成手套、袜子等趣味形状，让宝宝玩颜色指认、配对、分类等游戏，加强对颜色的感知。

记忆游戏 JIYI YOUXI

猫咪不见了

● 游戏目的

训练无意记忆的再现能力；根据儿歌《走路》模仿袋鼠、猫和狗走路的动作。

● 游戏步骤

1.请宝宝说出右上图都有什么动物，然后带着宝宝根据儿歌模仿袋鼠、猫和狗走路的动作。

走路

小猫走路，静悄悄。（踮脚尖走）

小狗走路，快快跑。（碎步跑）

袋鼠走路，蹦蹦跳。（双脚跳）

2.妈妈遮盖住右上图，请宝宝凭记忆说出右下图中少了谁。

早教指南

这个游戏是无意记忆的训练。宝宝通过模仿右上图中动物的动作，说出右上图中都有谁来加强无意记忆。不要刻意提醒宝宝要记住右上图的动物，看宝宝能不能凭无意记忆做这个3缺1的记忆游戏。

记忆游戏 JIYI YOUXI

一闪而过

手指游戏 SHOUZHI YOUXI

巧手夹

● **游戏目的**

训练有意记忆的准确性和速度；鼓励宝宝开口说话。

● **游戏准备**

识图卡若干张。

● **游戏步骤**

1.妈妈每次出示一张识图卡，持续 1 ~ 2 秒后，即收回。然后问宝宝刚才看到的图片上有什么。

2.用同样的方法，再让宝宝说出其他一闪而过的图片。

早教指南

妈妈事先选择宝宝能叫出名字的识图卡，先提醒宝宝注意看图片，然后开始游戏。一闪而过的图片会使宝宝感到很有趣，他会集中注意力去看。根据宝宝的实际情况，妈妈可以适当缩短或延长出示图片的时间。

● **游戏目的**

学习夹动作的协调性；培养做事有耐心。

● **游戏准备**

跳棋子、带洞的木板、夹子、小碗。

● **游戏步骤**

1.妈妈把跳棋子挑一些盛放在小碗里。

2.请宝宝用大夹子把跳棋子夹到圆洞里，每个圆洞放一个。

3.让宝宝的左右手都练习一下。

早教指南

教宝宝手拿大夹子，学习夹、放动作。提醒宝宝要夹紧，不然中途会掉下。教宝宝不要急于放玻璃球，找着空着的圆洞再将球轻轻放好。让宝宝的另一只手也练习一下，注意观察宝宝更习惯用哪只手。

如果宝宝做得不错，兴致又比较高，可以让宝宝按顺序放球，放好一排，再放下一排，不要看见圆洞就放。专注力好的宝宝能将全部的圆洞放上玻璃球。注意不要让宝宝把跳棋子放入口中。

对对捏

● 游戏目的

用中指和拇指的指尖对捏细小物；按颜色分类。

● 游戏准备

跳棋。

● 游戏步骤

1.教宝宝用中指和拇指的指尖，捏起一个跳棋子，把它放在棋盘的任意一个小孔中。

2.鼓励宝宝把相同颜色的棋子挑出来捏放在一起。注意不要让宝宝把跳棋子放入口中。

早教指南

这是一个二指捏的游戏。虽然宝宝用食指和拇指捏细小物早已非常娴熟，但用中指和拇指的指尖捏小东西还很生疏，需要多练习。

有的宝宝手指比较灵活，学得快。也有的宝宝伸出中指的动作非常笨拙，妈妈可以轻轻掰着宝宝的手指，让宝宝学习用中指和拇指对捏。这个游戏动作比较复杂，小手指容易疲劳，因此每次练习几个就可以了。

太阳照大地

● 游戏目的

学习用衣夹子均匀地夹；感知均匀的空间概念。

● 游戏准备

红色衣夹若干个、两个红色圆形纸卡。

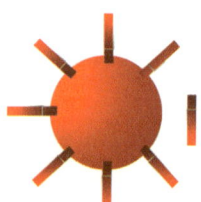

● 游戏步骤

1.引导宝宝把夹子均匀地夹在自制的红色圆形纸卡的四周。

2.妈妈把两个红色圆形纸卡一个随机地夹，一个均匀地夹，让宝宝感知什么是均匀。

早教指南

均匀分布也是一种空间概念。起初宝宝不会明白什么是"均匀"，往往上来就夹，挤在一处，头脑中没有均匀的概念。妈妈可以先示范地夹上几个，然后指导宝宝均匀地夹。让宝宝在夹之前，先看一下夹在哪里，可以提示：分开夹，不要挤在一块，离远一点儿夹。通过反复练习，让宝宝慢慢感知均匀的含义。

运动游戏 YUNDONG YOUXI

小脚夹球

● **游戏目的**

学习用脚夹球；增加脚部触觉刺激。

● **游戏准备**

小皮球、小矮凳、小物品（如海绵球、按摩球、报纸球、沙包、小毛绒玩具、塑料瓶等）。

● **游戏步骤**

1.请宝宝裸着脚坐在矮凳上。请宝宝把脚旁边放的小皮球夹起来，递到妈妈的手中。

2.再让宝宝躺在地毯或地垫上，双脚夹起放在脚旁边的小皮球，然后双腿高举着递给妈妈。

3.用更多其他材质的小物品，让宝宝裸着脚夹，增加脚部的触觉刺激。

早教指南

宝宝很喜欢玩这个游戏，虽然动作有些笨拙。有的宝宝只会坐着夹，有的只会躺着夹，都还需要加强练习。宝宝坐着夹球时，注意要扶稳宝宝。

运动游戏 YUNDONG YOUXI

小小射门手

● **游戏目的**

练习远距离踢球和定向踢球；加大户外活动时间。

● **游戏准备**

小皮球、呼啦圈。

● **游戏步骤**

1.请宝宝用力向前方踢球，练习远距离踢球。

2.用呼啦圈或者其他东西做球门，请宝宝站在半米外对着球门踢球。左右腿都要练习踢球。

早教指南

宝宝现在能够熟练地踢较远距离的球了，但要踢到特定的方向，如球门还有难度，因此近距定向踢球是当前踢技能的主要训练内容。

游戏拓展 加大户外活动时间

1岁半后要加大宝宝的户外活动时间，每天最好有5个小时。适当增加宝宝走路和小跑的距离，让宝宝每天的活动能量充分释放。

运动游戏 YUNDONG YOUXI

扔手榴弹

● **游戏目的**

学习远距离投掷。

● **游戏准备**

小皮球。

● **游戏步骤**

1.妈妈把家居用品如枕头、沙发等作为"敌营"，设立为投掷目标。

2.请宝宝举球过肩，尽力把球投向"敌营"。

早教指南

宝宝现在很喜欢玩球，有的能单手投近两米远的距离。注意不要让宝宝习惯于一侧投球，左右手都要练习，使两臂运动技能均衡发展。

运动游戏 YUNDONG YOUXI

龟兔比赛

● **游戏目的**

练习双脚跳和四肢爬；进行障碍运动比赛。

● **游戏准备**

小毛绒玩具、一条画好的窄路、小红旗。

● **游戏步骤**

1.画一条弯曲的窄路，旁边隔一定距离放一些小毛绒玩具做障碍，远处插一面红旗做终点。

2.妈妈和宝宝分别扮演乌龟和兔子进行赛跑。扮乌龟的要四肢着地，爬过窄路做的小"桥"；扮兔子的要双脚跳，跳过间隔放的小毛绒玩具。

早教指南

游戏中要教宝宝正确对待赢和输。有时也要让宝宝落在后面，适当让宝宝受一些挫折，鼓励宝宝要努力、不泄气。双脚跳过的毛绒玩具要选矮小的。还跳不起来的宝宝可以由爸爸拉着手跳。

跳跳比赛

● **游戏目的**

练习双脚跳。

● **游戏准备**

弹跳设施（如小蹦床、弹簧床）。

● **游戏步骤**

1.请宝宝双脚跳一跳。和宝宝讨论什么动物会跳，如蚂蚱、蟋蟀、小兔、青蛙，然后模仿这些动物跳一跳，看谁跳得高，跳得远。

2.保护好宝宝在弹簧床或小蹦床上学蹦跳。

早教指南

多数宝宝20个月时会双脚跳离地面，腿部有力量的宝宝19个月时就会跳起了。但有的宝宝21个月时也跳不起来，可能原因有太胖、缺乏跳运动锻炼、腿部无力量等。每天要让宝宝多跳跳，每次跳的时间不要长。宝宝学会蹦跳后，就可以在小蹦床上玩了。

迈高架桥

● **游戏目的**

学习跨栏；学习迈大步走路。

● **游戏准备**

长皮筋、防滑杯垫若干个。

● **游戏步骤**

1.妈妈爸爸拉一根长皮筋，做一个"高架桥"。

2.鼓励宝宝不扶人，自己抬腿迈过皮筋。逐渐升高皮筋的高度，让宝宝反复跨越。

3.妈妈带着宝宝学大象迈大步。也可以把几个防滑杯垫间隔一定的距离摆放，让宝宝"踩石头过河"。

早教指南

宝宝很喜欢跨皮筋，能独自竖直抬腿迈过大约25厘米高的皮筋。宝宝有时会玩一下皮筋，要注意安全。宝宝不容易协调左右腿迈大步的动作，而且容易出现反弹，要多练习。

运动游戏 YUNDONG YOUXI

小猴爬和驴拉磨

● **游戏目的**

学习小猴爬和旋转爬的花样爬技能；模仿猴子和驴子的声音和动作。

● **游戏步骤**

1.请宝宝学一学小猴子抓耳挠腮的动作和"吱吱"的叫声，再模仿驴子的长耳朵和叫声。

2.小猴爬：双腿屈膝，臀部抬起，用手掌和脚掌着地爬行。

3.驴拉磨：即旋转爬，俯下身子，双手掌撑地，以双手掌为圆心，双脚绕着手掌转圈圈。

● **早教指南**

小猴爬和驴拉磨属于花样爬的大运动技能，对训练宝宝身体的平衡与协调性，以及感觉统合能力都很有帮助。小猴爬稍有些难度，教宝宝手脚掌着地爬，一旦宝宝尝试着爬了一两步，就会获得信心。经过练习，宝宝就能熟练地爬了，样子非常可爱。

运动游戏 YUNDONG YOUXI

走钢丝

● **游戏目的**

学习走直线。

● **游戏准备**

长皮筋。

● **游戏步骤**

1.妈妈在地上拉一根长皮筋，作为钢丝绳。

2.妈妈做示范，双脚踩着直线走。

3.扶着宝宝走直线，鼓励宝宝多走几个来回。

● **早教指南**

走直线，是走窄路的一种特殊形式，能很好地促进身体平衡能力的发展。妈妈做示范时，可以夸张地装作站不稳，要掉下来的样子，引起宝宝走线的兴趣。

宝宝刚开始走线时，妈妈 要扶着宝宝，教宝宝双脚掌竖直着踩线走。宝宝收腿走直线的能力不尽相同，有的宝宝经常是一只脚踩着线，另一只脚分得太开，踩不到线；有的宝宝能有意识地收着腿，极力让脚掌踩到线；也有宝宝比较轻松地脚掌直直地踩着线走。等宝宝掌握了走直线的动作要领，妈妈再渐渐放手，让宝宝自己走直线。注意不要让宝宝独自玩皮筋。

思维游戏 SIWEI YOUXI

猜灯谜

● **游戏目的**

学习猜谜；寻找平面图形，感知图形组合。

● **游戏步骤**

1.妈妈念宫灯上的谜语，请宝宝看图猜谜语，指出谜底是图中的哪个动物，然后帮助宝宝用笔把谜语和谜底连上线。

2.引导宝宝找出宫灯上所有的平面图形，帮助宝宝认识到宫灯是由一些平面图形组成的。

早教指南

宝宝第一次学猜谜语时，反应会比较迟钝。妈妈要多重复几遍，也可以配合着做猫和青蛙的动作来提示宝宝。因为谜面里有动物的叫声"喵喵"和"呱呱"，又有动物图片来做对比，不少宝宝最后还是能够猜出来的。有些宝宝需要多接触几次猜谜游戏，熟悉了猜谜的形式，才渐渐能够猜出谜底。

猜谜能够锻炼宝宝的逆向思维能力和形象思维能力，也是学习事物典型特征的好方法。宝宝需要动脑进行分析、联想、综合，才能做出判断。知识经验积累得多、注重事物特征学习的宝宝猜谜水平会比较高。

大眼睛，宽嘴巴，水里地上都是家。捉害虫，本领大，唱起歌来呱呱呱。

胡子两边翘走路轻悄悄，专捉小老鼠，说话喵喵叫。

思维游戏 SIWEI YOUXI

谁的影子

● **游戏目的**

根据剪影特征判断事物，锻炼思维能力。

● **游戏步骤**

1.请宝宝说出各图中是什么动物的影子。

2.向宝宝简单讲一讲每个影子的典型特征。

早教指南

20个月的宝宝有的能猜出部分剪影，这是很不错的成绩。也有的宝宝什么也猜不出，妈妈可以先引导宝宝观察这些影子的典型特征，或者让宝宝再看一下实际的动物图片，让宝宝复习一下它们的典型特征，然后再来猜影子。

请你指一指哪个是兔子，哪个是鸭子？

请你指一指哪个是大象，哪个是长颈鹿？

请你指一指哪个是猫，哪个是公鸡？

请你指一指哪个是骆驼，哪个是袋鼠？

思维游戏 SIWEI YOUXI

送动物回家

● **游戏目的**

学习动物与居住地之间的对应关系；培养宝宝爱家的情感。

● **游戏步骤**

1.请宝宝指一指上下图中每个动物的家在哪里，然后引导宝宝将动物和它们的家一一连线。

2.教宝宝学习儿歌《这里是宝宝的家》。

这里是宝宝的家

大树是小鸟的家，池塘是鱼儿的家，

花朵是蝴蝶的家，这里是宝宝的家。

早教指南

宝宝除了认识动物的名称、叫声、动作和形象之外，还要逐渐了解更多的动物知识，如食物、天敌、居住环境等，学习它们的关联关系。

妈妈可以仿编儿歌，让宝宝知道更多事物的关联关系，如笔筒是笔的家，书架是书的家，积木盒是积木的家，等等。还可以问宝宝的家是用来做什么的？告诉宝宝在家里可以睡觉、吃饭、玩耍，和家人在一起，培养宝宝爱家的情感。

小手指出来

● **游戏目的**

认识手的作用；学习对蔬菜、水果、鸟和鱼进行分类。

● **游戏步骤**

1.先请宝宝猜谜，认识小手的作用（"一棵小树五个杈，不长叶子不开花，吃饭穿衣和写字，我们都要用到它。"）。

2.请宝宝伸出手指，分别指出图中的蔬菜、水果、鸟和鱼。

早教指南

如果宝宝指出某类事物有些困难，妈妈可以每指着一个事物，就请宝宝说出是 A 还是 B。如指着西瓜问宝宝是水果还是蔬菜，请宝宝在两者之中进行选择。

21 个月的宝宝能对部分事物进行归类，有的对蔬菜和水果分得比较清，有的对鸟和鱼分得比较好。平时，带宝宝在家里和周围环境中找一找电器、家具、交通工具、乐器、餐具、玩具、文具、服装等有哪些，加强分类练习。

手指偶问问好

● 游戏目的

训练宝宝与人交往的礼节，并且增加宝宝的词汇量，培养宝宝的推理和判断能力。

● 游戏准备

手指偶2个。

● 游戏步骤

1. 妈妈先将两个不同的手指偶戴在两个指头上。

2. 妈妈舞动手指偶进行情景对话："见面问声好，点头弯腰，握握手。"进行一些简单而有礼貌的对话后，让宝宝也戴上指偶玩耍。

3. 妈妈引导宝宝问话答话，如果宝宝不熟练，妈妈可以和宝宝各自戴手指偶，进行互动式礼貌问候。

早教指南

婴儿出生时，其脑细胞之间没有任何联系，无法产生作用。后来，因为受到周围环境多种刺激，脑细胞之间渐渐地发生了联系。这时候，重复是非常重要的。重复，可以使细胞和细胞之间的联系部分变粗，便于形成良好信息传递回路。如果缺少刺激，脑细胞的生成就很低劣，回路功能也就很糟糕。

学背儿歌

● 游戏目的

增加宝宝的词汇量，促进宝宝的语言发展。

● 游戏步骤

1. 找几首最容易学会的儿歌。

2. 教宝宝说："小小眼睛亮晶晶，看到东西样样清。我有两只小耳朵，听你讲话真清楚。我有一个小嘴巴，会吃饭来会说话。我有一双小小手，做事吃饭都用它。""小鸭小鸭呷呷呷，小鸡小鸡叽叽叽。小猫小猫喵喵喵，会捉老鼠会吃鱼。""小汽车，嘀嘀嘀，接着妈妈上班去。小皮球，真淘气，拍一拍，跳一跳。"

3. 请宝宝背诵。如果宝宝背诵一首能得到大人的奖赏，就会有兴趣再背几首。

早教指南

如果宝宝背诵的儿歌朗朗上口，他会觉得像唱歌一样很有趣。宝宝背过了，大人要及时给他赞美，这会让宝宝更有干劲。

不要让宝宝急于背诵唐诗，待他真正理解时，背诵唐诗才能记得住。当然，如果是简单明了而且韵律优美的诗词，也可以教给宝宝。同样，教给宝宝背的儿歌也一定要押韵，这样才方便宝宝记忆。

数学游戏 SHUXUE YOUXI

港湾是船的家

● **游戏目的**

点数并模仿报总数；学习儿歌《家》；培养宝宝爱家的情感。

● **游戏步骤**

1.引导宝宝伸手指点数图中的船只。

2.妈妈先报总数5，再让宝宝模仿报出总数。

3.给宝宝朗诵儿歌《家》，理解儿歌的内容。

家

云朵，是雨点儿的家。花儿，是蝴蝶的家。小河，是鱼儿的家。港湾，是船儿的家。

早教指南

引导和鼓励宝宝边点数边背数，手指点数的动作要慢，尽量做到手口一致。教宝宝按序数数，从左向右或者从右向左数都行，以免出现重数或漏数。点数完毕，妈妈报总数："共有5只船。"请宝宝也模仿报出总数。

妈妈可以仿照儿歌《家》编更多的内容。

数学游戏 SHUXUE YOUXI

山羊当裁判

1岁半宝宝要求能认识0~9个数字,如果宝宝对个位数的识认还不稳定,可以先让宝宝复习一下0~9的数字,再来做这个游戏。

受开口说话时间早晚的影响,有的宝宝19个月时还说不全0~9个数字,某些数字还念不出,妈妈要多教宝宝发出这些数字的音。有的宝宝则会说出更多的个位数字,他们能主动去读看到的数字,认读数字的积极性比较高,正序唱数1~10也基本上能做到。

1岁半后的宝宝还可以练习5以内倒序背数。平时妈妈随时都可以和宝宝一起正序和倒序背数。另外,经常和宝宝玩一玩"写"数字的游戏。宝宝写数字其实就是画数字,只要宝宝有兴趣画着玩就非常的好。

● **游戏目的**

分辨数字0~9;练习数数;学习"写"数字。

● **游戏步骤**

1.请宝宝指一指图中3号、6号和8号运动员都是谁,鼓励宝宝读出这些数字。

2.和宝宝一起正序唱数1~10,倒序唱数5~1。

3.和宝宝玩"写数字"的游戏,让宝宝学着涂鸦几个简单的数字,如0、1、6、7等。

数学游戏 SHUXUE YOUXI

判断1和2

● **游戏目的**

学会判断1和2所代表的量的不同。

● **游戏步骤**

1. 请宝宝目测图中盘子里哪边是1个的量，哪边是2个的量。

2. 平时用更多的图形或实物让宝宝目测分辨1和2的量，帮助宝宝逐渐概括出1和2的含义。

早教指南

宝宝对数量概念的感知需要一个过程。有的宝宝对1的量比较敏感，有的宝宝则对2的量感兴趣。所以，学习目测数量1和2，可以先选择其中一个的量让宝宝进行感知，目测比较准确了，再感知另一个量，否则容易混淆1和2的量。

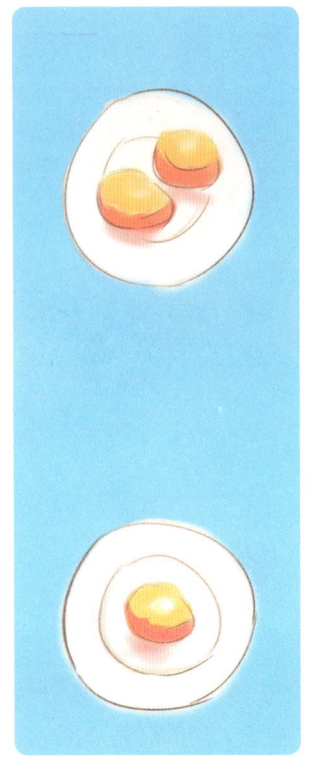

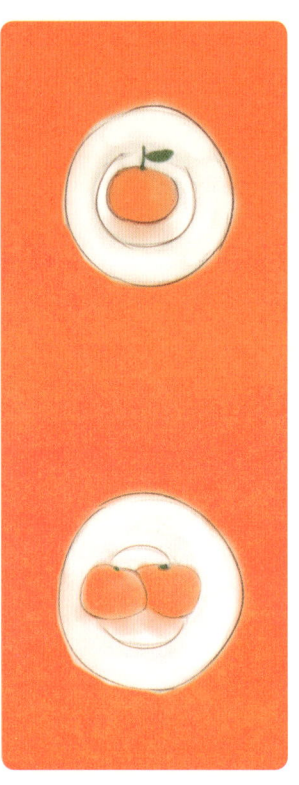

游戏拓展

学习分配1个的量

平时注意利用各种机会让宝宝练习每人分一个的物品，学会准确取1个的量，如可以请宝宝为全家人分配水果、餐具、食品、卡片等。

小猫钓鱼

● 游戏目的

感知数字1、2、3所代表的实际数量；了解一些水中动物。

● 游戏步骤

1.结合下面图画，妈妈对宝宝说："小猫去河边钓鱼，钓了很多的东西，请宝宝说一说小猫都钓到了什么？"引导宝宝了解水中不但有鱼，还有其他的水中动物，如虾、海龟、海螺和海星等。

2.请宝宝说一说下面每组动物图中，哪边是1个，哪边是2个，哪边是3个。

早教指南

平时妈妈可以用其他的图形或实物，继续训练宝宝对数量1、2和3的感知。有的宝宝数量感知能力很好，几次下来就可以掌握，有的宝宝则需要更多的练习才能逐渐掌握。

游戏拓展

你一个，我一个，他一个

准备一些果蔬、玩具、日用品等，请宝宝给全家人每人分配1个。教宝宝边分配边说："你一个，我一个，他一个"，感知1的量与物的对应关系。

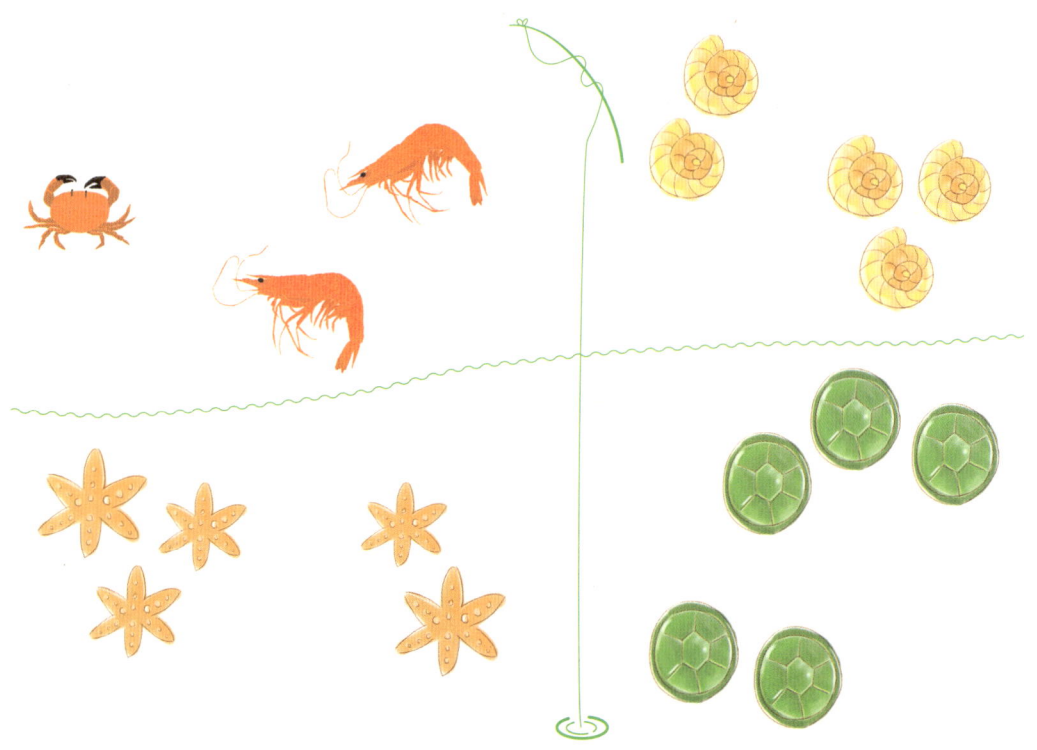

数学游戏 SHUXUE YOUXI

开汽车

● **游戏目的**

　　学习点数 1～5 并模仿报总数；学习 1～10 以内的正序唱数和倒序唱数；认识几种汽车类型。

● **游戏步骤**

　　1.请宝宝伸出食指，从左到右或从右到左，按序点数图中有几辆汽车。

　　2.数完，妈妈报总数，让宝宝再模仿报总数。

　　3.让宝宝认识救护车、消防车、警车等车型。

早教指南

　　宝宝点数容易出现重数或漏数的现象，因此要教宝宝按序一个个地点着数数。不少 21 个月的宝宝能够比较熟练地手口一致地点数到 3，有的能点数到 5。平时多让宝宝练习点数，只要留意，生活中的事物都可以拿来让宝宝数一数。

数学游戏 SHUXUE YOUXI

谁多谁少

● **游戏目的**

比较 4 以内数量的多少；认识一些家畜和家禽。

● **游戏步骤**

1. 请宝宝指出各图中哪边的家畜或家禽多，哪边的家畜或家禽少。

2. 请宝宝在数量少的圆圈里涂上色。

3. 向宝宝介绍更多的家畜和家禽，模仿它们的叫声和动作。

早教指南

宝宝的目测能力自 1 岁半开始发展，进步迅速，现在宝宝可以目测两个 4 以内小数量集合（物群）的多少。宝宝对数量的感知能力需要多次的练习才能稳固，妈妈平时要准备更多的实物或图片让宝宝目测谁多谁少。

科学游戏 KEXUE YOUXI

我爱交通工具

早教指南

有的宝宝会将其他物品如电器、家具也指认为交通工具。平时妈妈在教宝宝认一些车辆、轮船时，别忘了加一句"这是交通工具"。宝宝认识火车、飞机、汽车、自行车等，但不知道它们是交通工具，这与父母是否教类别名称有关系。虽然宝宝不很明白交通工具的概念，但由于经常重复，依靠机械记忆也会知道哪些是交通工具。

● 游戏目的

认识几种交通工具；学习对交通工具进行分类。

● 游戏步骤

1.帮助宝宝把图中可以出行的工具圈起来，告诉宝宝"这些都是交通工具，可以载人到别的地方"。

2.请宝宝讲一讲这些交通工具的主要特点、在哪里行驶，以及用途。

 游戏拓展

认识交通工具

多让宝宝见识一些交通工具。在同城，带宝宝乘坐公交车、小汽车、地铁、自行车等；去异地，可以乘坐飞机、火车、轮船等。在游乐园，带宝宝乘坐马车、雪橇等。可配合交通工具图片和交通工具玩具让宝宝认识和分类。

科学游戏 KEXUE YOUXI

小小工程师

● **游戏目的**

和成人一起拆卸玩具；学习按正负极安装电池。

● **游戏准备**

电动玩具、手电筒、一些小机械装置。

● **游戏步骤**

1.和宝宝一起拆卸电动玩具如电动汽车，把里面的发动机、电池、弹簧、发条、齿轮、传导杆等零部件拿出来，告诉宝宝它们的名称，然后再把这些零部件组装好。

2.教宝宝认识5号电池的正负极并正确安装。

3.和宝宝一起拆装手电筒、八音盒、机械钟表、迷你电扇等，让宝宝认零件，知用途。

早教指南

无论男孩女孩，宝宝很小就对科学发生兴趣。虽然宝宝还不会动手拆装玩具，但他们的参与意识很强，喜欢摆弄齿轮、发条、电动机这些新鲜玩意儿。科学启蒙应该从婴幼儿开始，只要宝宝乐意参与，热爱科学的种子就会悄然播撒到宝宝的心田。

声势游戏 SHENGSHI YOUXI

两只小象

● **游戏目的**

感受活泼快乐的音乐情绪；学习按节奏摇摆身体和打拍子；模仿大象走路和甩鼻子的动作。

● **游戏准备**

音乐《两只小象》。

● **游戏步骤**

1.和宝宝面对面坐好，准备做声势游戏。

2.播放音乐。和宝宝一起合拍地摇摆身体，同时双手也左右摆动着拍膝盖。间奏时，双臂并拢伸直，两掌心合并，模仿象鼻子甩一甩。

3.再次播放音乐。和宝宝站起来，用手臂模仿象鼻子，随音乐边走边摇摆手臂，还可以模仿象鼻子握手、扬起鼻子、甩鼻子等动作。

早教指南

18个月前的宝宝基本就能做到合拍地摇摆身体，但现在同时要摇摆身体和打拍子却是一个不小的挑战。有的宝宝不摇摆身体，只是摇摆着双手拍打膝盖，有的宝宝只摇摆身体却不打拍子。要想协调这两个动作还需要多练习。

泥塑游戏　NISU YOUXI

泥塑游戏　NISU YOUXI

包饺子

小汽车

● 游戏目的

用橡皮泥进行简单的造型；培养对泥塑的兴趣。

● 游戏准备

橡皮泥。

● 游戏步骤

1.做饺子皮：先请宝宝搓一个白色橡皮泥球，然后将球压扁做"饺子皮"。

2.包饺子：再用一点儿其他颜色的橡皮泥做"馅儿"，放在白色"饺子皮"中央。然后教宝宝将两边捏合在一起。

早教指南

如果宝宝还不会搓球，继续教宝宝把一小块橡皮泥放在手掌心儿里或者桌面上，然后转动手掌把橡皮泥搓成球儿。

"包饺子"时，宝宝能够合上"饺子皮"就很好了，不要求会捏合。有的宝宝小手训练得比较灵巧，会自己捏上两面的"皮儿"。妈妈还可以带着宝宝捏出其他的造型。

● 游戏目的

学习用橡皮泥进行简单的组合造型；培养对泥塑的兴趣。

● 游戏准备

橡皮泥。

● 游戏步骤

1.请宝宝用小块的橡皮泥团球、压扁，捏出4个车轮子和4个车灯。

2.妈妈用大块的橡皮泥捏两个长方体，把它们上下按压在一起做车身。

3.妈妈帮助宝宝将车轮子和车灯分别粘在车身相应的位置。一起欣赏漂亮的小汽车吧。

早教指南

现在宝宝能压出比较圆的圆形了，也喜欢和妈妈一起玩橡皮泥。妈妈可以和宝宝一起协作完成一些简单的泥塑作品，由宝宝捏出基础的部件，妈妈帮助宝宝将这些部件粘成整体。

时常和宝宝玩一玩橡皮泥，至少定期玩一次，你会发现宝宝的泥塑兴趣和水平在不断地提高呢。

纸工游戏 ZHIGONG YOUXI

海龟

● 游戏目的

学习撕纸、粘贴和画单个的圆圈儿；培养对撕、粘、画的兴趣。

● 游戏准备

绿色纸、胶棒、蜡笔或油画棒。

● 游戏步骤

1.和宝宝一起把绿色纸撕成条条块块。

2.引导宝宝把条形纸粘贴在图中作海草，把方块纸粘贴在龟壳上作花纹。

3.最后请宝宝添画几个水泡泡，每个泡泡要画单个的圆圈儿。

早教指南

妈妈先引导宝宝撕纸：两手离近捏着纸，先撕开小口，再顺着小口向下撕。教宝宝不要上来就生拉硬扯，否则可能撕不开，也撕不成小片。引导宝宝先撕条形，再把条形撕成块状和更细的纸条。可以问宝宝撕下的纸哪个可以做水草，哪个可以做龟壳，然后帮助宝宝把"水草"和"龟壳花纹"粘贴在图中适当的位置。

添画水泡时，要求宝宝画单个的圆，不要画一串儿圆，这对手的控制能力有比较高的要求。

我的小汽车

● 游戏目的

学习观察小汽车并用圆圈画出来；学着解释所画的作品；培养宝宝对观察画的兴趣。

● 游戏准备

玩具小汽车、铅笔。

● 游戏步骤

1.教宝宝正确握铅笔。引导宝宝画个大圆圈表示汽车的车身。再引导宝宝观察玩具小汽车中的圆形有哪些，如轮子、备用轮胎、方向盘、车灯，并用圆圈儿画出来。

2.请全家人来欣赏宝宝的作品，并请宝宝讲一讲他画的是什么。

早教指南

观察画是指对人物、静物、风景的写生或对图片的临摹，可以训练宝宝的观察力，同时有助于宝宝积累一定的事物表象，为幼儿园的美术活动打下基础。

妈妈要引导宝宝观察绘画对象，先让宝宝找一找小汽车上所有的圆形部件有哪些，在哪个位置，然后引导宝宝画圆圈儿来表示这些圆形部件。不要求宝宝能将这些圆形的空间位置和大小差别画清楚，虽然宝宝零乱地画了一些圈儿，但只要宝宝知道他画的圆圈儿分别表示什么就非常的了不起。注意不要让宝宝拿着铅笔到处走动。

这是宝宝的一张相当复杂、有分量的象征画作品，不管画成什么样子，都值得妈妈好好表扬。一些宝宝只是画些零乱的圆，而有的宝宝观察力、空间知觉、绘画技能比较好，能大致画出车上的轮子、方向盘和车挡等部件的位置，这是非常棒的成绩。

最后，请宝宝讲一讲画的是什么，宝宝会说"滴滴"或"车车"等。引导宝宝继续讲一讲这些圆圈都是什么。如果宝宝还讲不出细节，妈妈可以提示车轮呢或者方向盘呢，使宝宝将他所画的线条与实际意义联系起来。

绘画游戏 HUIHUA YOUXI

卷羊毛

● 游戏目的

学画螺旋线；感知画圆和画螺旋线的不同。

● 游戏准备

铅笔。

● 游戏步骤

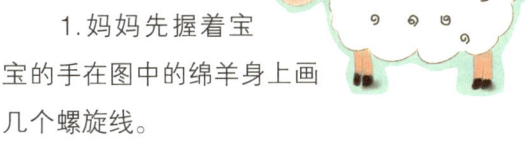

1.妈妈先握着宝宝的手在图中的绵羊身上画几个螺旋线。

2.请宝宝正确握铅笔，自己在绵羊的轮廓里画螺旋线，鼓励宝宝多画几个螺旋线。

早教指南

宝宝会画一圈圈的毛线团儿，在此基础上可以学习画螺旋线。螺旋数不要求多，有一两圈儿就可以了。只要宝宝能画出一个螺旋线，自信心就会大增，接着会画出更多的螺旋线来。

14~16个月学会画圆的宝宝，在19~20个月时能够轻易地学会画螺旋线，有的还会很仔细地画一个个的螺旋线。现在的宝宝基本上会画出横竖线、长短线、直曲线、波浪线、圆圈儿和螺旋线等各种线条了，为今后画出更复杂的画打下了基础。注意不要让宝宝拿着铅笔到处走动。

1岁7个月~1岁9个月宝宝智能档案

运动	感知觉	观察记忆	思维	数学
★ 能投球2米远 ★ 可以走极陡的斜坡 ★ 能用中指与拇指对捏细小物 ★ 能独立抬腿迈25厘米高的障碍 ★ 学会双脚跳 ★ 会用夹子夹放玻璃球 ★ 会猴爬、坐爬等花样爬 ★ 熟练地走10厘米宽的平衡木	★ 听描述能把相应物品从袋中摸出来 ★ 能一次听辨2个声音 ★ 能触摸分辨物品的粗细、厚薄和宽窄 ★ 能积木叠塔8～10块 ★ 会用两个三角形拼出几种图形 ★ 能分辨最大和最小 ★ 知道刚才、现在、已经的时间概念	★ 可以一次记忆并执行2～3个指令 ★ 会在4个不同形状和颜色的盒子里藏物找物 ★ 会比较快地学会背诵儿歌、古诗	★ 能根据很少的局部判断出全体 ★ 能根据剪影判断事物 ★ 学习有图片提示下的猜谜 ★ 能对更多不同种类的事物进行分类 ★ 学习拼切分为2块的拼图	★ 会用目测法判断3以内的量 ★ 会跟着成人一起点数1～3或1～5个物品 ★ 会10以内的正序唱数和倒序唱数

语言	音乐	美术	社会交往	生活自理
★ 更加主动地开口说话 ★ 能与成人对诵儿歌和独自背诵完整的儿歌 ★ 会自己讲画面上的一些内容 ★ 知道大和小是反义词 ★ 会模仿动物大声叫和小声叫 ★ 背诵儿歌、古诗的速度更快 ★ 能更多地用语言而不是指认来回答问题	★ 有时能从头至尾合拍地为音乐进行伴奏 ★ 会左右摇摆着身体同时打拍子 ★ 能跟着大人学打大拍子 ★ 能根据音乐的变化主动调整动作 ★ 能自己唱大半首甚至全首的简单儿歌	★ 画出的线条有所指 ★ 自己画后会说出所画的是什么 ★ 会应用简单的线条画命名画 ★ 开始能把两个目标连上线以及把目标画圈儿圈起来 ★ 通过观察能大致画出简单静物的特征 ★ 能按实际情况选色涂色 ★ 用棉签涂色较匀且少出界	★ 会说"自己"来表达凡事自己做 ★ 有一定自制力，有时能听劝 ★ 受到批评时，会懂得害羞 ★ 会主动使用礼貌用语 ★ 有时能听进道理，有时又很固执 ★ 能主动向客人打招呼并喜欢表现自己	★ 会自己洗手、打香皂、擦干手 ★ 会脱袜子和内衣 ★ 自己能做到餐前洗手、取餐具、上餐桌、餐后擦嘴 ★ 会自己脱上衣和裤子 ★ 能自己用勺子吃大半顿饭

第 8 章

1 岁 10 个月～2 岁
亲子早教游戏

谁的照片

● 游戏目的

学会辨认图形，并从袋中触摸出相应的图形；锻炼小手的触觉灵敏性。

● 游戏准备

平面形（圆形、三角形和正方形）、自画平面形轮廓图（圆形、三角形和正方形）、布袋。

● 游戏步骤

1.向宝宝出示圆、三角形和正方形3种平面形，鼓励宝宝说出它们都是什么形状。

2.把3个平面形放进布袋里，然后依次指着图形的"照片"即轮廓图，请宝宝把相应的平面形从袋子里摸出。

早教指南

妈妈事先在纸上画出圆形、三角形和正方形的轮廓图做"照片"。鼓励宝宝主动说出3个平面形的名字。宝宝说不出或者说错，如有的宝宝会把"圆"说成"椭圆"或"正方形"，妈妈要及时纠正。

在做触摸游戏时，妈妈不要告诉宝宝摸出哪个平面形，而是让宝宝自己用眼睛看是谁的"照片"，再从布袋中摸出相应的平面形。注意，每次摸出正确的平面形后，都要将其重新放回布袋中，使布袋中的平面形保持为3个。

宝宝摸出一个平面形后，让宝宝自己说一说，他摸出来的图形和图形宝宝的"照片"是否一样。有的宝宝摸出来后，如果摸得正确，会自己说"对"；如果摸错了，他会立即把平面形放回布袋中重新摸，直到摸出正确的平面形。

感觉游戏　GANJUE YOUXI

今天吃什么菜

● **游戏目的**

学习瓜果和蔬菜内外特征的关联关系。

● **游戏准备**

几种洗好、擦干净的蔬菜和水果。

● **游戏步骤**

1.把几种真实的瓜果和蔬菜切开，让宝宝观察，了解里和外、部分与整体的特征。

2.请宝宝说说各组图中都有哪些水果和蔬菜。

3.引导宝宝把各组图中的瓜果和蔬菜分别与它们的切面对应连线。

早教指南

平时可以让宝宝了解更多瓜果、蔬菜的外表与内部的特征。可以按颜色、形状、味道、生长地等特征进行分类，用布袋玩触摸游戏；也可以把瓜果和蔬菜切开，让宝宝观察，玩部分与整体的配对游戏。

感觉游戏 GANJUE YOUXI

声音配对

● **游戏目的**

训练听觉，能分辨大小音量。

● **游戏准备**

自制音筒 4 个（大小音量的音筒各两个）。

● **游戏步骤**

1.请宝宝摇一摇、听一听，分别指出 4 个音筒中哪个声音大，哪个声音小。

2.引导宝宝把 4 个音筒中大音量的音筒放在一起，小音量的音筒放在一起，进行音量配对。

早教指南

妈妈先自制 4 个音筒：把豆粒装入 4 个完全相同的小瓶里，两个瓶子多装（每瓶豆粒数相同），两个瓶子少装（每瓶豆粒数相同），使两种音筒摇晃起来的声响相差比较大。注意音筒盖子要封好。

音量配对时，妈妈可以形象地称大音量的音筒为"大嗓门宝宝"，小音量的音筒为"小嗓门宝宝"，请宝宝让大嗓门找大嗓门，小嗓门找小嗓门。有的宝宝音量配对做得还可以，有的宝宝准确率不高，需要再练习。

感觉游戏 GANJUE YOUXI

摸出立体形

● **游戏目的**

触觉分辨立体形，使触觉越来越敏锐。

● **游戏准备**

立体形体（球、圆柱体、正方体、长方体、三棱柱和圆锥体）、布袋。

● **游戏步骤**

1.请宝宝分辨各个立体形，着重认识圆锥体，鼓励宝宝说出立体形的名字和像什么。

2.随机将其中的 3 个立体形放入布袋中，请宝宝听名称从布袋中摸出。可反复玩这个游戏。

早教指南

先让宝宝玩一会儿立体形，妈妈简单介绍一下它们的外形特征。多数宝宝通过触摸游戏学习立体形的速度很快，也能主动叫出部分立体形的名字。2 岁左右宝宝的想象力开始萌芽，有的宝宝能主动说出某些立体形像什么。

知觉游戏　ZHIJUE YOUXI

买提包

● **游戏目的**

认识六边形和菱形；认识棕色。

● **游戏步骤**

1.请宝宝分别指出图中各种形状的提包，着重让宝宝认识六边形和菱形。

2.鼓励宝宝说出这些形状的名字。

3.请宝宝指认提包的各种颜色，反复指认新学习的棕色。

早教指南

引导宝宝开口说出这些形状的名字，妈妈说出前一个或前两个字，让宝宝接着说出下面的字，比如妈妈说："这是梯——"，宝宝就会说出"梯形"，最后让宝宝逐渐学会自己说出各种形状的全称。

让宝宝问家里的每个人都喜欢什么形状的提包，然后从图中选择相应形状的提包送给家人，要好好表扬宝宝会关心人哟。

小熊一家

● 游戏目的

分辨大、中、小；按大、中、小的顺序连线。

● 游戏步骤

1.请宝宝指出图中小熊的一家谁是大个子，谁是中等个，谁是小个子，并用手势比画大个子熊、中个子熊和小个子熊。

2.请宝宝分别对小熊一家、犀牛一家、熊猫一家和河马一家按大、中、小的顺序连线。

早教指南

这个游戏是让宝宝学习大、中、小三者之间的分辨和排序。22个月的宝宝对大、中、小的分辨基本上能掌握了，如果有的宝宝对大、中、小的分辨还不稳定，则需要加强练习。

按大、小、中顺序进行连线对宝宝来说有一定的难度。宝宝连线时，妈妈可以在旁边提示顺序"大连中、中连小"。最后鼓励宝宝完全自主地按序连线。不要求宝宝画直线，只要能弯弯曲曲地按序连上线就已经非常好了。

为了让宝宝更好地掌握大中小按序连线，妈妈可以在纸上画一些图形，如大中小圆、大中小三角形、大中小草莓等，让宝宝多练习。

三巧板

● **游戏目的**

　　用三巧板拼摆图形；感知图形的组合变化。

● **游戏准备**

　　自制的三巧板。

● **游戏步骤**

　　1.鼓励宝宝用三巧板拼出平面形，如正方形、长方形、平行四边形、梯形和大三角形。

　　2.请宝宝把三巧板叠放在左下图上练习拼摆造型。鼓励宝宝自由拼摆玩耍。

　　3.引导宝宝找出右下图帆船和台灯上的平面图形。

早教指南

　　妈妈事先用厚纸板自制一幅三巧板。开始妈妈可以和宝宝一起探索拼出基本的平面形，熟练后请宝宝自己拼出来。叠放在左图上拼摆各种造型时，妈妈可以适当帮助宝宝。有的宝宝能玩很长时间，能够独自拼摆成功，有的宝宝需要妈妈的帮助才行。

　　帆船和台灯是由几个基本的平面图形组成的,让宝宝感知图形可以组合变化。平时可以带宝宝在生活中找出更多的具有组合图形的物品。

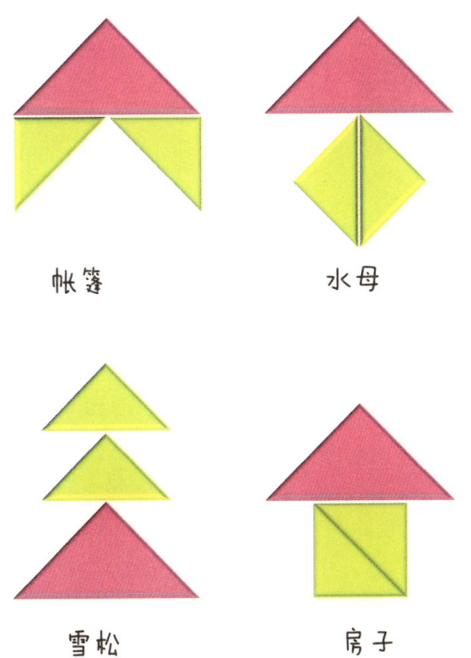

帐篷　　　　水母

雪松　　　　房子

我的妈妈在哪里

● **游戏目的**

学会分辨左、右。

● **游戏步骤**

1.引导宝宝根据图中的问题，帮花花和牛牛找到妈妈，并在旁边的圆圈里涂上色。

2.请宝宝伸右手握他人的右手，感知对方身体左右部位与宝宝身体左右部位的反向关系。

早教指南

判断对方身体左右部位对宝宝来说比较困难，因为宝宝的空间思维方式受自我中心的影响，习惯上仍从自己出发，很容易将对方的左右部位判断错误。妈妈可以经常让宝宝判断对面的人的左右手、左右脚、左右眼等部位，感知与自身左右部位的反向关系。

花花的妈妈在护士的右边。哪个是她的妈妈？

牛牛的妈妈在教师的左边。哪个是他的妈妈？

把它找出来

● 游戏目的

培养有意记忆的再认识能力。

● 游戏步骤

1.先让宝宝看题目中的小图，提醒宝宝尽量记住。

2.妈妈用手盖住小图，请宝宝凭记忆在下面的大图中找到目标并用笔圈起来。

早教指南

提醒宝宝注意看小图，并提示一些细节特征，然后让宝宝凭回忆在大图中选择。宝宝在 5 个近似图形中指认刚才看到的小图有一定的挑战。有的宝宝表现出良好的观察力和记忆力，无须提示自己就能凭记忆指出来。

爸爸送给宝宝一个漂亮的气球。啊呀，气球 飞走了，飞到小伙伴中间去了，请你快把它找出来吧。

小熊要上台表演节目。啊呀，小熊  不见了，它跑到小伙伴中间去了。请你快把它找到吧。

记忆游戏 JIYI YOUXI

大家一起玩玩具

● **游戏目的**

训练有意记忆再现能力；学习给玩具分类。

● **游戏步骤**

1.请宝宝说说图中上面一排的熊宝宝都在玩什么玩具，提醒宝宝要记住每个小熊玩的玩具。

2.妈妈盖住上面一排，请宝宝凭记忆说出下面一排的熊宝宝少了什么玩具。

早教指南

可以先让宝宝讲一讲上图的每只小熊在玩什么玩具，问宝宝喜欢玩哪只小熊的玩具，然后妈妈再布置记忆任务，请宝宝记住每个小熊的玩具。最后鼓励宝宝凭记忆说出下图中少了什么玩具，看看宝宝能记住几个。

手指游戏 SHOUZHI YOUXI

巧手用筷子

● **游戏目的**

练习筷子夹物，训练双手的精细动作。

● **游戏准备**

儿童筷子。

● **游戏步骤**

1.请宝宝坐好，使用儿童筷子练习夹物，如把纸球、花生、红枣等从一个碗里夹到另一个碗里。

2.左右手都练习夹，刺激左右脑均衡协调地发展。

早教指南

注意宝宝的安全，用完筷子后立即收回，绝不能让宝宝独自玩筷子。

游戏拓展

五指姑娘

请宝宝伸出相应的手指做手指操《五指姑娘》，复习五个手指的名称。

五指姑娘

拇指姑娘去刷碗，食指姑娘去刷盘，中指姑娘去刷锅，无名指姑娘去刷勺，小指姑娘没事干。

手指游戏 SHOUZHI YOUXI

拧啊拧

● **游戏目的**

练习拧螺母，发展精细动作能力。

● **游戏准备**

螺母玩具或带螺纹的物品。

● **游戏步骤**

1.妈妈准备一些螺母玩具。带螺纹的物品如空饮料瓶。

2.请宝宝把螺母反复拧上和拧下。

早教指南

周岁左右有的宝宝就能自己把矿泉水瓶盖拧开。但2岁左右宝宝仍经常正反方向弄不清，让拧上时，却反向旋转，或者拧到头时还在拧。教宝宝明白拧上和拧下时的旋转方向，拧到头时要停下来。

运动游戏 YUNDONG YOUXI

我会这样爬

● 游戏目的

学习横爬和高爬；和宝宝一起比赛爬行取物。

● 游戏步骤

1.横爬：教宝宝向身体的左侧或右侧横着爬行。

2.高爬：教宝宝手足着地，四肢伸直地向前爬行，学高爬动作。

3.妈妈和宝宝一起比赛爬行取玩具，培养宝宝的竞争意识。

早教指南

横爬和高爬也属于花样爬大运动技能。横爬又叫左右爬，不同于常见的向前、向后爬行，横爬是向侧身的方向爬行。开始宝宝较难掌握，之后身体能稍斜着向侧身方向爬行。

宝宝学会了猴爬，只要将双腿伸直着爬行就可以了。刚开始宝宝容易摔倒，或者非得膝部稍弯才能向前爬，需要练习才能掌握。

运动游戏 YUNDONG YOUXI

瓶子士兵

● 游戏目的

学习定向踢球；养成做事有耐心的好习惯。

● 游戏准备

空饮料瓶若干个、小皮球。

● 游戏步骤

1.把几个空饮料瓶相互靠近，立在距离宝宝0.5~1米处的位置，摆一个"士兵阵"。

2.请宝宝对准"瓶子士兵"踢球，击倒目标。左右腿要轮流踢球击瓶。

早教指南

妈妈准备几个空饮料瓶，为了增加吸引力，可以在瓶子里塞些彩色纸球。

0.5~1米对宝宝定向踢球来说已经算是远距了，如果能踢中一些瓶子，说明宝宝的视-动协调能力还是很不错的。

宝宝有时对着目标踢去，却偏离了方向。见彩色饮料瓶纹丝不动，宝宝就会发急，有的干脆上去用手把瓶子弄倒。妈妈可以适当缩短踢球的距离，让宝宝能够踢中目标，体验到成功的快乐，建立自信心。如果宝宝踢不中，想发脾气或逃避时，妈妈要劝宝宝有耐心，鼓励宝宝重新再来。

运动游戏 YUNDONG YOUXI

开飞机

● **游戏目的**

练习单脚独立，训练平衡能力。

● **游戏准备**

儿童三轮车。

● **游戏步骤**

1.金鸡独立：宝宝单腿站立，另一腿屈膝抬起，一只手掌伸在额头处模仿公鸡的鸡冠。

2.开小飞机：宝宝单腿站立，双手侧平举，模仿飞机的动作。

早教指南

2岁左右宝宝进入单腿站立能力发展的关键期，每天最好坚持练习一会儿。还可以让宝宝学一学单脚独立抱头睡觉的仙鹤、单脚独立叉腰跳舞的小天鹅、单腿扛枪的坚定的锡兵，激发宝宝练习单脚独立的兴趣。

骑儿童三轮车

23个月的宝宝可以学骑小三轮车了。开始妈妈手把手教宝宝，渐渐放手让宝宝自己控制车把、踏脚蹬、直行骑和左右拐转。2岁左右宝宝就会自己骑三轮车了。

运动游戏 YUNDONG YOUXI

过独木桥

● **游戏目的**

学习独立走直线，提高身体的平衡能力。

● **游戏准备**

长皮筋。

● **游戏步骤**

1.妈妈在地上引一根长皮筋，作为"独木桥"。

2.鼓励宝宝独立走直线，多走几个来回。

早教指南

经过一段时间练习走直线，现在宝宝已能够独立地踩着直线走几步了，不再需要成人的牵扶。

有书认为宝宝从2岁半开始走线。其实宝宝近2岁左右时已经能自己走直线了，每天都可以让宝宝走一会儿直线。也可以适当增加一些走线难度：提着小花篮、小积木筒、小水筒等走直线，或者增加直线的长度。也可以要求宝宝听着音乐平稳而有节奏地走线等，这样既可以提高身体的平衡能力，又能培养节奏感。

运动游戏 YUNDONG YOUXI

小球飞向我

● **游戏目的**

学习按指定方向投球；学习向左、向右定向踢球。

● **游戏准备**

小皮球。

● **游戏步骤**

1.定向抛球：妈妈、爸爸、爷爷和奶奶分别站在宝宝的前后左右或任意方向，宝宝双腿站立不动，只能扭动上身，把球分别向各个方向抛给家人。

2.定向踢球：妈妈和爸爸分别站在宝宝的左右侧。宝宝单腿站立不动，另一条腿分别向左侧和右侧踢球。

早教指南

宝宝的腿不能动，上肢做定向投球，需要较强的视－动协调能力。爸爸、爷爷和奶奶鼓励宝宝"向我投球"。

身体站在原地不动的定向踢球比较难掌握，宝宝总想转身正对着目标后再踢球。开始妈妈可以按着宝宝的一条腿不动，鼓励宝宝用另一条腿将球向右或向左横向踢出去。逐渐地不扶宝宝，让宝宝分别向左右侧横向踢球。虽然宝宝不容易控制踢球的方向，不过，宝宝的学习能力很强，不久就会协调好下肢的动作了。

运动游戏 YUNDONG YOUXI

跳远冠军

● **游戏目的**

练习跳远和登高跳，发展宝宝的大动作能力。

● **游戏步骤**

1.妈妈在地上画一条线，请宝宝站在线后，双脚努力向前跳。记录宝宝跳远的距离，看看宝宝最远能跳多远。

2.让宝宝站在20～25厘米高的凳子、垫子或台阶子上，向下跳。注意保护好宝宝。

早教指南

教宝宝双脚跳的正确姿势：站在线后，双脚略分开，微微屈膝，上身略向前倾，然后双脚起跳，轻轻落地，最后伸直腰站起。有的宝宝能跳出30～40厘米的成绩，通常宝宝也能跳出20～30厘米的距离。

游戏拓展

玩小攀登架

2岁左右时，可以让宝宝玩小攀登架，也可攀登软梯。开始保护着宝宝爬2层，慢慢放手让宝宝自己爬上2层，再爬下来。宝宝的攀登技能熟练后，可以鼓励宝宝爬得再高一点。注意全程看护好宝宝。

运动游戏 YUNDONG YOUXI

蔬菜点名

● 游戏目的

锻炼身体向上跳跃和抓够的能力；了解不同蔬菜的生长地。

● 游戏准备

蔬菜识图卡（黄瓜、丝瓜、葫芦、萝卜、白菜、土豆等）、衣夹子、绳子。

● 游戏步骤

1.妈妈准备几张蔬菜识图卡，把它们一一夹在绳子上，将绳子拉到适当高度，使宝宝跳起时，能伸手够到图卡。

2.向宝宝简单介绍一下哪些是生长在藤架上的蔬菜，哪些是生长在地上的蔬菜。

3.引导宝宝跳跃，同时伸手拍打或抓够黄瓜、丝瓜、葫芦等生长在藤架上的蔬菜图片。也可以再让宝宝跳起抓够生长在地上的蔬菜图片。

早教指南

跳够，即双脚跳起触摸或抓取悬挂物，是一种定向跳跃运动，需要比较好的手－眼－腿的协调能力，也是一项需要长期训练才能掌握的运动技能。

虽然跳够的难度比较大，但是宝宝却非常喜欢这个游戏。妈妈要教宝宝伸出手，对准绳子上的图片，然后双脚跳起，用手去够图片。注意不要让宝宝独自玩绳子。

有的宝宝差不多是踮脚够物，只知伸手去够图片，不知同时还要跳起来。或者跳起时视觉与四肢还缺乏协调性，不会控制双腿向目标跳去，也不会控制胳膊够向目标。因此宝宝需要多加以练习。

 游戏拓展

蔬菜分分类

请宝宝把更多的蔬菜图片按生长地的不同进行分类，将生长在地里的、藤架上的、低矮灌木上的、水里的蔬菜进行分类。

请宝宝把地里生长的蔬菜图片放在地板上，把藤架上生长的蔬菜的图片夹在绳子上，把低矮灌木上生长的蔬菜图片放在桌子上，把在水里生长的蔬菜图片放在水盆里浮着的塑料盒里。玩游戏的过程中，宝宝基本上就能了解到不少蔬菜生长地的特征了。

思维游戏 SIWEI YOUXI

挑挑拣拣 1

早教指南

宝宝以前做的分类游戏都是求同，因此习惯了求同思维，在做求异分类时，需要将思维的任务"是某类"转化为"不是某类"，这是一个思维转化的过程。

宝宝在18个月前能够进行求同分类，比如把吃的东西指认出来，但是要把不能吃的东西指认出来，却费一些工夫。有的宝宝经常将吃的也指出来，而有的宝宝需要大人的鼓励、督促，甚至提示才能指出。不过宝宝的思维转化能力还是比较强的，经过练习，有的宝宝就能很好地掌握求异的分类方法了。

● 游戏目的

学习求异分类方法；理解"是"与"不是"所代表的含义。

● 游戏步骤

1.请宝宝把下图①中能吃的和下图②中是动物的指出来。

2.再引导宝宝把下图①中不能吃的和下图②中不是动物的指出来。

3.教宝宝明白集合中有是与不是两类元素，如："这些是能吃的，这些是不能吃的。"

请把能／不能吃的挑出来。

①

请把是／不是动物的挑出来。

②

思维游戏 SIWEI YOUXI

挑挑拣拣 2

早教指南

宝宝快 2 岁时，思维的发展已由以前的只能思考一个维度，转向同时思考两个维度，即能同时考虑事物的两个特征或两个因素。进行二维分类练习，可以训练宝宝同时考虑两个事物特征的思维能力。

有的宝宝圈完黑色的鸡时，即停止，还会说"没有了"。有的宝宝显然还在受两个特征的干扰，仍会继续圈出黑色的兔子或白色的鸡，反映了受"自我中心化"思维方式的影响，不能全面地考虑问题。多练习二维分类，可以促进思维的"去中心化"，使宝宝更加客观地进行思考活动。

● **游戏目的**

学习根据事物的两个特征来进行分类。

● **游戏准备**

积木（红色的长方体、绿色的长方体、红色的圆柱体和绿色的圆柱体若干个）。

● **游戏步骤**

1.请宝宝分别把图中黑色的鸡和黄色的香蕉用笔圈出来，教宝宝圈完说"没有了"。

2.把积木混在一起，请宝宝把红色的长方体积木挑出来，教宝宝挑完了说"没有了"。

思维游戏 SIWEI YOUXI

我是谁

● **游戏目的**

　　求异思维训练。

● **游戏步骤**

　　1.请宝宝按各图要求找出"我是谁"，并在旁边的圆圈里涂上色。

　　2.全家人坐在一起，妈妈描述某人的特征，请宝宝找出是谁，如"请你找一找没有戴眼镜的人是谁""没有拿报纸的人是谁"。

早教指南

　　当宝宝学会了简单的求异分类，就可以进行稍复杂的求异思维训练，如"我是谁"的游戏。从求同到求异，宝宝的思维有个转化的过程，多练思维才能更敏捷。

我不是前面的小熊，我是哪个小熊？

我的头上没有长角，我是谁？

我没有穿红衣服，我是谁？

思维游戏 SIWEI YOUXI

认职业

● 游戏目的

学习职业与交通工具的对应关系；认识一些职业及其简单特征。

● 游戏步骤

1.请宝宝说出每组图中人物所从事的工作。

2.引导宝宝把每组图中人物与工作中使用的交通工具进行连线。

3.和宝宝聊一聊爸爸妈妈是做什么工作的，工作时需要用到什么工具或物品。

早教指南

宝宝像海绵一样默默吸收着环境中各种有意无意教的知识。有的宝宝平时积累的知识和经验比较多，能够在妈妈不提示的情况下，完成全部的连线。做起来有困难的宝宝，要让宝宝重复玩这个游戏，直到掌握了这些匹配关系。

妈妈可以带宝宝到生活中走一走，认识更多的职业，如厨师、售货员、司机、服务员、经理、职员、老师、演员、农民、工人、警察等职业及其简单特征。

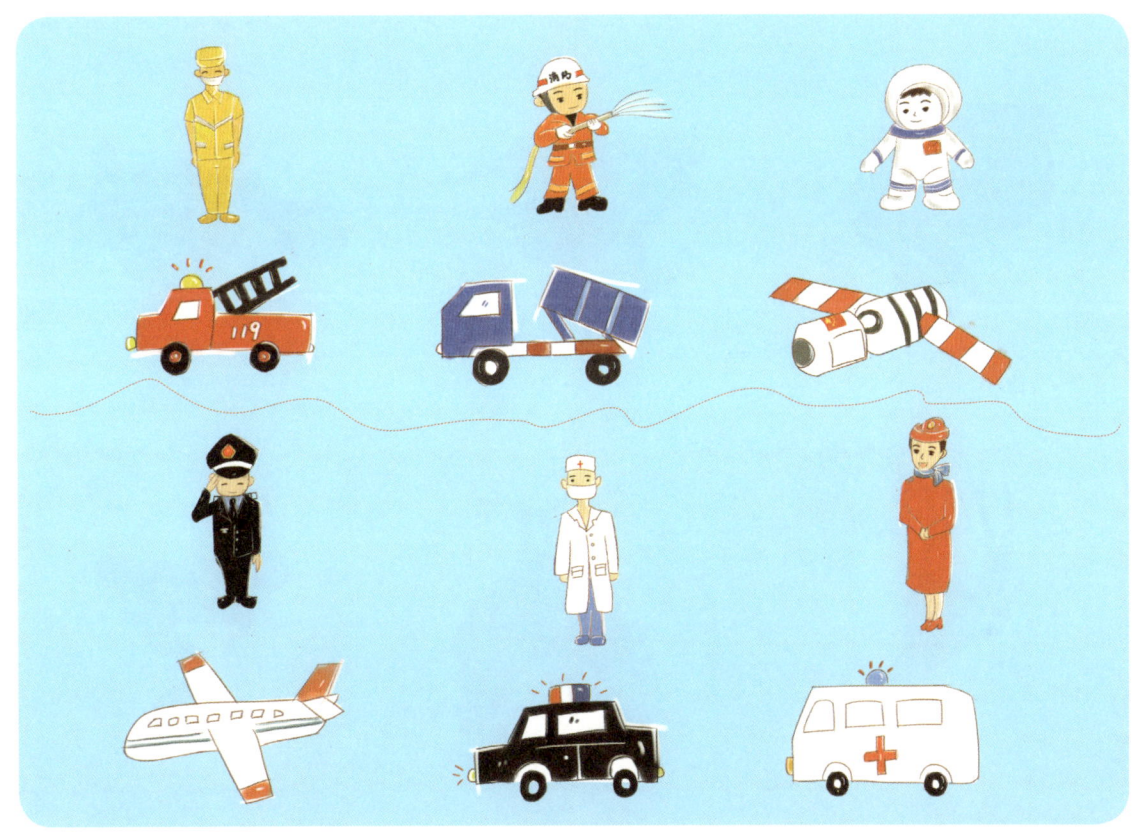

看倒影

● 游戏目的

根据轮廓倒影特征判断事物；判断正和倒的空间方位。

● 游戏步骤

请宝宝分别说出下图中两组剪影动物都是谁。

早教指南

先让宝宝了解正和倒的区别，再来做这个游戏。如果宝宝分辨起来有些困难，妈妈可以先让宝宝看正立的影子，然后再分辨倒影；或者妈妈说出每组图中所有动物的名字，让宝宝根据名字选择相应的倒影。平时带宝宝观察阳光下、湖水里的各种影子，熟悉倒影，判断倒影。

我的身体有需要

● **游戏目的**

了解身体有不同的需要，以及与身体相应部位的匹配关系。

● **游戏步骤**

1.请宝宝看图回答肚子饿了、头发乱了、指甲长了、想听音乐、想去运动、要刷牙时，需要用到哪些物品。

2.引导宝宝把图中的物品与身体部位连线。

早教指南

游戏中，让宝宝大致了解一下，当身体有需要时，我们需要用哪些东西来满足这些需要。妈妈还可以提出更多的身体需求，让宝宝回答用什么东西或方法来满足。

游戏拓展

反义词游戏

2岁左右的宝宝应该学习一些关于事物属性的反义词，如冷热、快慢、高低、胖瘦、长短等。有的宝宝对反义词比较敏感，学得比较快。有的宝宝不太喜欢做，妈妈不要放弃，多让宝宝接触，宝宝就会逐渐喜欢上反义词的。

思维游戏 SIWEI YOUXI

回家找妈妈

● **游戏目的**

学习走迷宫；运笔描轮廓。

● **游戏准备**

铅笔。

● **游戏步骤**

1.先请宝宝伸出手指从图上的小猪出发，沿小路一直指到猪妈妈那里。

2.再请宝宝用铅笔沿路径画，可用橡皮擦掉反复练习。

早教指南

反复告诉宝宝不能穿过小路直接走到终点，遇到危险或障碍要从别的路口走。让宝宝自己用手指沿小路多指几遍，逐步理解迷宫的游戏规则。沿迷宫路径画线时，提醒宝宝不要画出界。运笔练习可以促进宝宝前书写能力的发展。

数学游戏　SHUXUE YOUXI

哪边多哪边少

● **游戏目的**

用目测法比较 5 以内集合的多少；按数取 1~2 个的量。

● **游戏步骤**

1.请宝宝用目测法，指出上下两组图中哪边动物多，哪边少，并在动物多的旁边的圆圈里涂色。

2.请宝宝在每个图中分别圈出 1 头驴子或 2 只蝴蝶。

早教指南

宝宝的目测能力已经发展得比较好了，有的宝宝还能目测 5 以内数量的多少，对只相差 1 个量的 4 与 5 的两个集合也能目测出来。

数学游戏 SHUXUE YOUXI

爱吃的小熊

● 游戏目的

继续学习用目测法判断3以内集合的量；感知1～3的序数概念。

● 游戏步骤

1.引导宝宝根据右上图3个熊宝宝的个头大小，指出老大、老二和老三。

2.请宝宝把下图3个熊宝宝所需数量的食物分别圈起来。

早教指南

让宝宝感知序数老大、老二和老三时，可以提示宝宝分辨大中小，用大中小的知觉经验帮助宝宝掌握兄弟排行的序数概念，感知即可。

目测小数量集合时，不要让宝宝用手指点数，直接目测就行。平时妈妈可以把不同的物品分成3组，分别为1个、2个和3个，和宝宝玩目测数量的游戏，使宝宝逐渐理解数量与事物的种类、大小、位置无关。

老大想吃2块比萨饼，请你把2块比萨饼圈起来。

   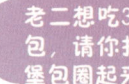

老二想吃3个汉堡包，请你把3个汉堡包圈起来。

老三想吃1个寿司，请你把1个寿司圈起来。

数学游戏 SHUXUE YOUXI

游戏场上

早教指南

序数表示的是事物之间的相对顺序。先让宝宝明白队伍的前后方位概念，再指认第一、第二和第三。平时留意各种场合，教宝宝学习序数概念，如教宝宝数楼层、数座位、数比赛名次，数程序等，让宝宝感知第一至第三的序数含义。

● **游戏目的**

感知 1～3 的序数概念。

● **游戏步骤**

1.请宝宝分别指认各图中谁是第一、第二和第三。

2.请宝宝把各图中的第一用笔圈起来。

请你指一指谁跑了第1名、第2名和第3名？

请你指一指排队玩秋千的小朋友中，谁排在第1个、第2个和第3个？

语言游戏 YUYAN YOUXI

自编儿歌

● **游戏目的**

提高宝宝的语言概括能力和表达水平，掌握一种新的语言表达方式。

● **游戏准备**

家中、户外均可。

● **游戏步骤**

1.请妈妈带宝宝一起唱这首儿歌："今天真快乐，大家一起唱歌，大家一起跳舞。小熊维尼有好多朋友，有小猪皮杰和跳跳虎，还有兔子瑞比和驴子屹耳。"

2.和宝宝一起讨论："儿歌里面都有谁？他们在一起做什么？"帮助宝宝了解儿歌大意。

3.待宝宝熟悉儿歌以后，可以引导他自己改编儿歌。如"大家一起做操，大家一起喝水。宝宝有很多好朋友，有扬扬和乐乐"等。

4.带宝宝买水果的时候，和宝宝念叨"今年的枣大丰收"，让宝宝顺着思路说下去，"今年的橘子大丰收""今年的苹果大丰收"，等等。

早教指南

妈妈可以在任何时候，自编一些儿歌和宝宝交流，让宝宝熟悉这种游戏方式。宝宝自编的儿歌不会完全符合妈妈的要求，妈妈千万不要打断、指责。

爸爸妈妈不要急于让宝宝学习过多的学校知识，在家里应多对宝宝进行人格教育和生活常规培养，让宝宝尽情地蹦蹦跳跳，才能培育出身心健康的宝宝。

语言游戏 YUYAN YOUXI

你问我答

● **游戏目的**

增加宝宝的词汇量，发展其语言能力。

● **游戏准备**

带宝宝到环境优美、空气清新的地方散散步。

● **游戏步骤**

1.散步途中，问宝宝："哇，好漂亮的小鸟呀！小鸟该回家了吧？它应该怎么回家呢？"引导宝宝回答："飞回家。"

2.继续问宝宝："宝宝，我们也要回家了，我们怎么回家呢？"教会宝宝回答"走回去""坐公交车"或者"搭火车"等。

早教指南

在真实的场景中一问一答，能够极大地丰富宝宝的词汇量，使宝宝对这些词汇和语言有着更为真切的感受和领悟，让宝宝能说，爱说。

大人在提问的时候，可以先对问题做一些铺垫，引发宝宝的联想；提问的语气要轻松愉快，让宝宝感觉对话是愉悦的。

科学游戏　KEXUE YOUXI

宝贝哪里去了

● **游戏目的**

感知溶解现象；培养对生活现象的观察能力。

● **游戏准备**

食品（如奶粉、糖、盐、花椒、小米、鸡精等）、玻璃杯若干个、勺子。

● **游戏步骤**

1.事先准备几种食品，每两种分成一组。把几个玻璃杯里都倒入一些水。

2.把其中一组物质如盐和小米分别舀几勺到玻璃杯里，向宝宝介绍它们的名字和作用。

3.请宝宝用勺子在玻璃杯里搅拌，引导宝宝观察是否有溶解现象。

4.同样，再把另外几组物质倒进玻璃杯里，让宝宝观察它们的溶解情况。

早教指南

引导宝宝用勺子搅拌玻璃杯里的物质，然后问玻璃杯里的宝贝哪里去了。当宝宝发现一些物质不见了，会觉得好奇。妈妈可以向宝宝介绍"溶解"这个词语，使宝宝对溶解现象有所感知即可。注意不要让宝宝喝玻璃杯里的东西。最后，妈妈请宝宝说一说出示的食物中，哪些可以溶解在水里，哪些却不能。

科学游戏　KEXUE YOUXI

神奇的磁铁

● **游戏目的**

感知磁铁现象；了解一些常见材质。

● **游戏准备**

磁铁（或者白板磁扣、冰箱磁贴）、一些常见物品。

● **游戏步骤**

1.妈妈把事先准备好的常见物品如金属曲别针、铁锁、铁勺、纸张、石头、木片、杯垫、玻璃杯、瓷碗、塑料玩具、手绢等放在宝宝面前，请宝宝用小磁铁一一去吸附它们。

2.请宝宝把能被磁铁吸附的东西挑出来，并向宝宝介绍这些东西都是什么材质。

早教指南

这个游戏让宝宝对磁铁的特性有所感知即可。还可以带着宝宝拿着小磁铁在屋子各处找东西去吸，如电器外壳、沙发布、图书、木家具等，看小磁铁能否被这些东西吸住。

声势游戏 SHENGSHI YOUXI

小金鱼

● **游戏目的**

培养声势伴奏的兴趣；按重音拍进行声势伴奏。

● **游戏准备**

音乐《小金鱼》。

● **游戏步骤**

1.妈妈和宝宝相对而坐，模仿鱼摆尾的动作。

2.播放音乐。带领宝宝按重音拍做声势伴奏。

早教指南

宝宝从头到尾打大拍子现在还不太稳定，只有部分小节能够做到比较合拍。对于小拍子的协调性，宝宝凭借天生的节奏感从小就能做到，而大拍子的协调性则有赖于平时的练习。

游戏拓展

学唱《小金鱼》

平时教宝宝跟着大人或听CD一起学唱这支歌曲。宝宝学唱歌的过程是循序渐进的：开始跟着成人一起哼歌，之后自己会独立唱前两句或者能跟着成人唱出完整的歌曲，最后到独立地唱全首歌，而且会连唱好几首。

律动游戏 Lǜ DONG YOUXI

旋转木马

● **游戏目的**

从音乐中获得活泼愉快的情绪体验；学习合拍地做快速律动。

● **游戏准备**

音乐《旋转木马》、呼啦圈。

● **游戏步骤**

1.妈妈和宝宝手握呼啦圈站好。

2.播放音乐。和宝宝一起合拍地绕呼啦圈小跑。第二段时爸爸加入进来。音乐结束时，所有人倒在地上。

早教指南

22个月的宝宝能够快速地绕呼啦圈小跑而且与音乐合拍。更多的家庭成员加入进来，挤在一起绕呼啦圈小跑，宝宝会特别兴奋，每次能连玩好几遍。注意防止宝宝跑得快而摔倒。

美丽的热带鱼

● **游戏目的**

学习把纸对折两次；学习添画鱼的纹理。

● **游戏准备**

正方形彩纸、水彩笔。

● **游戏步骤**

1.引导宝宝把正方形纸从中间对折一次成长方形，再从中间对折一次成小正方形。

2.妈妈把小正方形从一角处打开成三角形。

3.请宝宝选择不同颜色的水彩笔，为折好的三角形添上眼睛和各种线条的鱼鳞，变成美丽的热带鱼。

早教指南

这是一个折纸和添画的综合美术游戏。在第 22 个月宝宝学习对折一次的基础上，学习对折两次。

宝宝用线条装饰纹理的想象力和技能都有限，只要宝宝乐意在上面添画，不管线条多么零乱或稀拉，妈妈都要肯定和表扬宝宝。如果宝宝还有兴致，可以引导宝宝多折几个三角纸，添画成各种纹理的热带鱼。注意不要让宝宝拿着水彩笔到处跑着玩。

游戏拓展

折纸游戏

妈妈可以定期引导宝宝玩一玩折纸，再添画进行装饰，巩固折纸和添画的技能。有的妈妈因工作繁忙或其他原因经常忘记带宝宝一起玩折纸，结果宝宝的折纸兴趣和折纸技能一直都没有很好地得到发展。

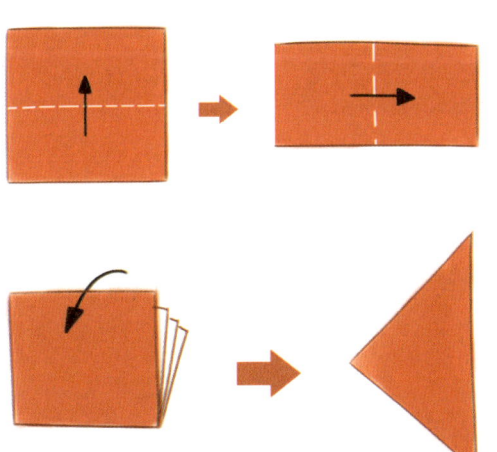

泥塑游戏 NISU YOUXI

小手链

● 游戏目的

学习用工具进行简单的泥塑活动；培养泥塑的兴趣。

● 游戏准备

橡皮泥、笔帽、一小段彩绳、小装饰品（如珠子、小铃铛等）。

● 游戏步骤

1.请宝宝选择不同颜色的橡皮泥，分别揉成球，再压扁成圆饼状。

2.教宝宝把笔帽孔朝下在圆饼上压个洞，做成圆环。帮助宝宝把做好的圆环以及珠子、小铃铛等装饰品，用彩绳穿在一起。

3.妈妈系好彩绳，手链做好了！

早教指南

宝宝很喜欢用工具如牙签、笔帽、直尺等来捏塑橡皮泥。宝宝用笔帽压洞的力量和位置掌握得不够好，但只要能压出洞来就很好。教宝宝小心地拿着泥塑的圆环来穿绳，别捏坏了圆环。

玩色游戏 WANSE YOUXI

粉刷农舍

● 游戏目的

学习在指定的区域里刷色；培养玩色的兴趣。

● 游戏准备

白纸上自画房子轮廓、刷子、颜料、调色盘。

● 游戏步骤

1.妈妈在纸上画一个简单的房子轮廓。

2.帮助宝宝拿稳刷子，选择他喜欢的颜色，蘸上颜色，均匀涂刷房子的轮廓。

3.如果宝宝的专注力还可以，让宝宝再为草地和蓝天刷上色。和宝宝一起欣赏新农舍吧。

早教指南

教宝宝拿稳并持平刷子，横着刷或竖着刷。宝宝用刷子刷色的动作还不熟练，需要多练习才能顺手。另外，宝宝在兴奋地刷色时，会顾不上均匀地刷，出界、留空白、串色的现象都会发生。妈妈在旁边引导宝宝不要着急，要一下一下地刷。妈妈可以帮助宝宝刷未完成的部分。

玩色游戏 WANSE YOUXI

蔬菜嘣嚓嚓

● 游戏目的

学习印章画的技能；培养玩色的兴趣。

● 游戏准备

白纸、蔬菜印章（青椒、莲藕、菜花、芹菜、山药、胡萝卜等切一小段）、颜料、调色盘。

● 游戏步骤

1.让宝宝认识一下印章都是什么蔬菜做的。

2.请宝宝把不同的蔬菜印章分别蘸不同的颜色，在白纸上盖一些印章。

早教指南

妈妈先做示范，或者手把手教宝宝盖一个印章：把蔬菜印章蘸上颜色后，轻轻平放在空白处，停留一会儿再移开。注意，准备的颜料要较干，不能太湿，否则印出的痕迹不分明。另外，一个印章只蘸一种颜色，以免串色。

有的宝宝能马上掌握到动作要领，印出的效果很好。有的宝宝却拿着印章不停地在纸上点着玩，妈妈要提醒宝宝：小手不要动，让蔬菜宝宝好好亲一下纸。

绘画游戏 HUIHUA YOUXI

早餐

● 游戏目的

学习观察画；解释所画内容。

● 游戏准备

小碗、煮鸡蛋一个、筷子一双、蜡笔或油画棒。

● 游戏步骤

1.妈妈把一个煮鸡蛋放在小碗里，把一双筷子放在小碗的旁边。注意不要让宝宝玩筷子。

2.引导宝宝通过观察，用圆和直线画出这些事物的空间关系。画完，请他讲讲画的是什么。

早教指南

引导宝宝观察事物的大小比例（画大圆小圆表示碗和鸡蛋），以及事物的空间关系（碗里是鸡蛋，碗外是筷子）。有的宝宝观察和绘画能力比较强，自己就能画出。有的宝宝总想在碗的外面画鸡蛋。有的宝宝画筷子时，因平时迷恋画圆，总习惯性地画圆，提示下才能画出直线来。

1岁10个月～2岁宝宝智能档案

运动	感知觉	观察记忆	思维	数学
★ 会横爬和高爬等花样爬 ★ 能定向投球和踢球 ★ 会用衣夹均匀地夹物 ★ 会五指对对碰 ★ 能独自走直线 ★ 能双脚连续向前跳 ★ 会骑小三轮车 ★ 可以站在20～25厘米台阶上往下跳 ★ 会玩小攀登架 ★ 筷子夹物较熟练	★ 能触摸分辨不同的材质 ★ 会按大、中、小的顺序连线 ★ 开始说出形状和颜色的名字 ★ 能进行大小音量的配对 ★ 能分辨一样大的事物 ★ 能分辨深浅色 ★ 喜欢根据参照图拼摆三巧板 ★ 能分辨2～3米远的声源 ★ 知道早上、中午、昨天、今天等时间 ★ 会自己套10个套盒 ★ 能分辨左右	★ 能在复杂图画中找到更多细节 ★ 能在有视觉干扰的图画中找到指定目标 ★ 凭回忆能指出现图和原图有2处不同 ★ 能复述熟悉的小故事，讲述当天发生的事情	★ 可以进行求异分类 ★ 能把人物和交通工具按职业特征进行匹配 ★ 可以猜出成人做的系列动作 ★ 能走很简单的迷宫 ★ 能拼平行切分成4块的拼图	★ 能认读两位数 ★ 会取2个的量 ★ 能点数1～5个物品，有时能报出总数 ★ 会做3以内的加减法

语言	音乐	美术	社会交往	生活自理
★ 能回答各种阅读活动中的简单提问 ★ 会自己从书架上取书阅读 ★ 能讲述常听故事的大意 ★ 喜欢听很细致地描述事物和故事 ★ 会用大小尖憨的嗓音模仿不同的形象 ★ 知道更多的常见反义词 ★ 能自己边讲故事边加一些动作	★ 能叉腰随节拍绕圈快速小跑 ★ 能合着舒缓的音乐节拍做几个组合动作 ★ 有时能比较稳定地按一拍子进行伴奏 ★ 会唱几首甚至更多的基本上完整的儿歌 ★ 会把其中的几个歌词换成新词	★ 开始会画简单的"蝌蚪人" ★ 能把纸撕条儿和搓球儿玩象征游戏 ★ 会把纸对齐折1～2次 ★ 能不熟练地用儿童剪刀剪直线 ★ 能在比较准确的位置上添画线条和圆圈儿	★ 会用"我、我的"来回答问题，但不稳定 ★ 喜欢玩假装游戏 ★ 喜欢说"不、不知道"，进入说"不"敏感期 ★ 喜欢听别人讲自己的事 ★ 喜欢自己独立做事，但遇到困难易放弃	★ 能自己脱掉鞋子、小靴子 ★ 喜欢帮大人做家务事 ★ 会自己穿袜子和鞋（不要求分左右和拉上后跟） ★ 会自己叠小方巾 ★ 能用勺吃完一碗饭 ★ 会不熟练地用筷子夹菜、吃饭

第 **9** 章

2岁1个月~2岁3个月
亲子早教游戏

一听就知道

● 游戏目的

听辨最大声和最小声；感知大、中、小3种音量。

● 游戏准备

自制音筒3个（大、中、小音量的音筒各一个）。

● 游戏步骤

1.先请宝宝两两听辨哪个音筒的声音大，哪个音筒的声音小。

2.再请宝宝分别摇一摇3个音筒，指出最大音量、中等音量和最小音量的音筒。

早教指南

妈妈先自制3个音筒：把豆粒装入3个相同的小瓶里，每瓶所装的豆粒不同，使摇晃的声响有大、中、小之分。注意音筒的盖子一定要封好。

2岁左右的宝宝能够听出相差不大的两个音量，以及三者中最大和最小的音量，但分辨中等音量还需多听。宝宝听力的灵敏性和准确性不太稳定，需要加强听力训练。

宝宝真能干

● 游戏目的

看实物触摸分辨相应的几何体。

● 游戏准备

几何体（圆柱体、长方体等）、平面图形（圆、三角形、正方形等）、布袋。

● 游戏步骤

1.向宝宝出示几种几何体和平面图形，请宝宝指认并说出这些几何体和平面图形的名称。

2.将几个平面图形放入布袋中，妈妈指着周围环境中的某个实物，请宝宝从布袋中摸出与这个实物形状相同的平面图形。

3.再将几何体放入布袋中，用同样的方法玩这个游戏。

早教指南

妈妈指着周围各种形状的物体，如圆形的挂钟、长方形的装饰画、正方形的相框、三角形的三明治、扇形的果盘等实物，然后请宝宝一一从袋子中将与之形状相同的几何体摸出来。注意，妈妈只能说物体的名字，不要提形状的名称，要让宝宝自己判断实物与几何体之间的关系。有的宝宝能够比较准确地将它们依序摸出来。有的宝宝出错很多，还需要平时加大形状知觉学习的刺激量。

感觉游戏 GANJUE YOUXI

自制味觉瓶

● 游戏目的

锻炼孩子的味觉和辨认力。

● 游戏准备

柠檬汁、西瓜汁、酱油各少许，红色和白色杯子各3个。

● 游戏步骤

1.将柠檬汁、西瓜汁、酱油分成两份，分别装入红色、白色杯中。

2.让孩子分别尝一尝这6个杯子的液体。然后告诉孩子："你可以从红色杯子中尝出和白色杯子中相同的味道吗？"

3.当孩子找到相同味道的味觉瓶时，就可以把红色和白色杯子配成一对了。

早教指南

在尝另一杯中的液体之前可以先漱一下口，这样孩子的味觉会更加精准。

味觉的发展因人而异，人和人之间的差别非常大。这其中有少量遗传的因素，更多的原因是训练。从小开始训练味觉，能使孩子获得敏锐的味觉辨别能力，并能够保持下去。

感觉游戏 GANJUE YOUXI

不看也会

● 游戏目的

蒙着眼睛拼摆形状嵌板；命名平面图形。

● 游戏准备

平面形嵌板、布。

● 游戏步骤

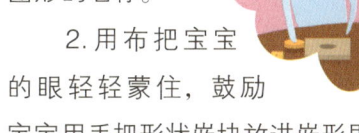

1.请宝宝说一说嵌板上平面图形的名称。

2.用布把宝宝的眼轻轻蒙住，鼓励宝宝用手把形状嵌块放进嵌形里。

早教指南

宝宝会指认形状，但要说出形状的名字却往往词不达意，经常出错，需要经常复习巩固。

每次可以让宝宝在两个嵌块中选择一个去放入，等宝宝熟练了再适当增加嵌块数量。宝宝对曲线图形，如圆和椭圆放得比较好，对直线图形，如三角形和正方形还不够熟练。有的宝宝蒙眼拼放有困难，总想去看着放，妈妈要教宝宝先触摸嵌形，再放入嵌块。

感觉游戏 GANJUE YOUXI

开饭了

游戏目的

训练视觉追踪能力；了解一些动物爱吃的食物；了解几种食物的类别。

游戏步骤

1. 引导宝宝分别用食指从图中的每个食物出发，沿线找一找对应的是哪个动物。

2. 请宝宝说一说自己喜欢吃的蔬菜、水果、糕点、粥类、肉食、主食及零食是什么，引导宝宝每一大类至少说出一种他比较爱吃的食物。

早教指南

沿线指认目标需要宝宝有意识地控制视觉的移动，并保持高度的注意力。移动手指可以帮助宝宝锁定路径，减缓视觉和注意力的紧张程度。在线条交叉的地方，教宝宝排除其他线条的干扰，继续顺势沿着同色线移动手指。平时，可以和宝宝一起说说更多的动物都爱吃什么，了解动物与其食物之间的关系。

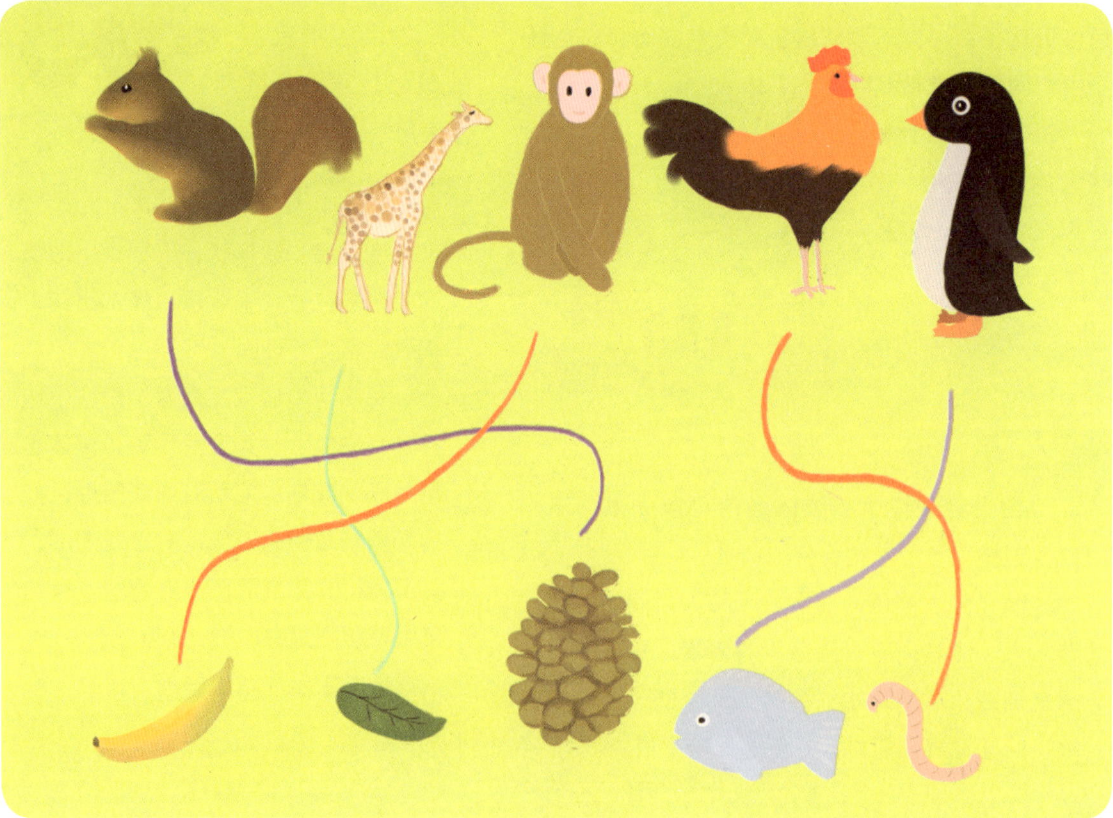

生日帽

● **游戏目的**

感知图形组合；学习命名平面图形；说出喜欢某个图形的理由。

● **游戏步骤**

1.引导宝宝找一找图中两个生日帽上都有什么平面图形，鼓励宝宝尽量说出平面图形的名字。

2.请宝宝选择他喜欢的生日帽，鼓励他讲出喜欢的理由。

早教指南

如果宝宝寻找形状有困难，妈妈可以提示，如"这个是什么形状""有没有菱形呢""你还找到什么形状"。

请宝宝挑一个他比较喜欢的生日帽，鼓励他说出喜欢的理由。有的宝宝能主动说一些理由，会说"中间有五角形"。有的宝宝什么也说不出来，或者所说的理由不相关，妈妈可以引导宝宝简单说明一下他可能喜欢的理由。

知觉游戏 ZHIJUE YOUXI

指针兄弟做游戏

● 游戏目的

了解钟表的用途和指针的特点；感知速度的快慢。

● 游戏准备

水彩笔、小闹钟。

● 游戏步骤

1.妈妈把家里的小闹钟先让宝宝玩一玩，让宝宝感知钟表的用途和指针的特点。

2.请宝宝画出钟表轮廓里缺少的时针和分针，说一说时针和分针谁走得快，谁走得慢。

早教指南

先让宝宝玩一会儿小闹钟，妈妈可以拨动后面的旋钮，让宝宝观察两个指针快速绕圆心转圈，让宝宝简单了解钟表的作用和特征，了解指针的名称和特点。

画指针时，引导宝宝从圆心开始向外画直线，一个画长线，一个画短线。有的宝宝能在提示下顺利地从圆心处画出一长一短的直线，知道指针的名称和转速特点。注意不要让宝宝拿着水彩笔到处跑。

妈妈在地上画一个大圆圈，和宝宝分别扮演时针和分针，带着宝宝在圈里绕圈走。扮演时针的要慢慢走，扮演分针的要小步快快走。然后交换角色，再玩一遍。

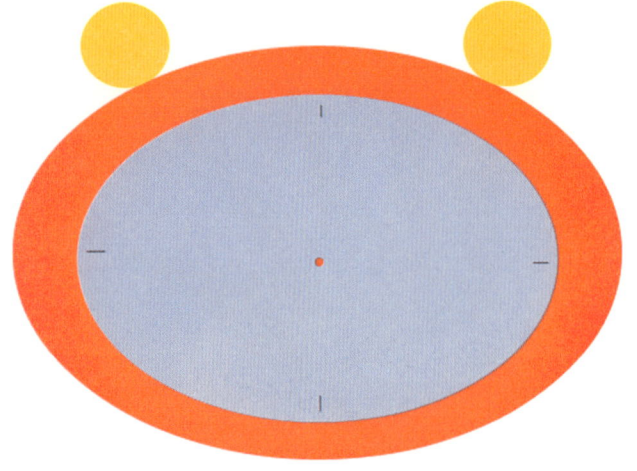

游戏拓展

谁快谁慢

平时通过观察生活和做游戏，让宝宝感知速度的快慢，提高运动知觉。观察大街上的汽车和行人，和宝宝进行各种运动比赛，都可以帮助宝宝感知速度的快与慢。

知觉游戏 ZHIJUE YOUXI

海边玩耍

- **游戏目的**

    感知最大和最小；学习按一定的排序要求进行排序。

- **游戏准备**

    铅笔。

- **游戏步骤**

    1.请宝宝指出图中最大和最小的游泳圈，最高和最矮的孩子。

    2.请宝宝把个儿最高的孩子和最大的游泳圈连线，个儿最矮的孩子和最小的游泳圈连线。

    3.引导宝宝按顺序把余下的孩子和游泳圈对应连线。

早教指南

    先让宝宝在几个对象中目测最大和最小量，然后引导宝宝分别在最大者和最小者之间进行匹配。平时可以多用实物和图形让宝宝判断大小、高低、粗细和长短等量。

知觉游戏 ZHIJUE YOUXI

大街真热闹

● 游戏目的

听方位描述找到指定位置；看图说话；了解出行时的一些安全常识。

● 游戏步骤

1.妈妈说方位，请宝宝指出图中对应的动物，如右上角的动物、过街天桥上的动物、马路对面最右边的动物、马路中央的动物、公鸡和狗中间的动物等，并请宝宝指出汽车行驶的方向。

2.请宝宝讲一讲图中的动物都在做什么。和宝宝讨论一下谁做得不对以及为什么不对。

早教指南

空间关系包括前后、左右、上下、中间、相邻、靠近、对面、相反等。请宝宝仔细听妈妈的描述来判断各个动物的方位。判断汽车行驶方向时，先让宝宝找到汽车的前面，再指出汽车是向哪边开的。

通过看图说话，妈妈给宝宝简单讲一下出行时的一些安全常识，如红灯停绿灯行、行人走人行道、过马路走斑马线或者过街天桥等。

记忆游戏 JIYI YOUXI

冰箱里有什么

● **游戏目的**

训练无意记忆的再认能力；认识冰箱里的食物。

● **游戏准备**

铅笔。

● **游戏步骤**

1.请宝宝说一说右上图的冰箱里有什么食物。

2.妈妈用手盖住右上图，请宝宝在左下图中找到冰箱里的食物,并把它们与冰箱连线。

早教指南

妈妈不要刻意提醒宝宝记住右上图冰箱里的食物，让宝宝凭无意记忆对左下图进行连线，看宝宝能记住几个。平时可以请宝宝参观自家冰箱，认识里面各种冷冻和冷藏的食物。

记忆游戏 JIYI YOUXI

吃饭喽

● **游戏目的**

强化对语言的理解和记忆；了解一些蔬菜的特征。

● **游戏步骤**

1.先给宝宝讲一讲小故事《吃饭喽》。

吃饭喽！母鸡吃的是红薯，甜得它"咯咯"直笑。鸭子不小心吃了一点洋葱，辣得它"呷呷"直叫唤。鸽子吃的是玉米，香得它直点头。大白鹅喜欢苦瓜上面的小疙瘩，这让它想起它脑门上的大疙瘩，但没想到刚吃一口，就苦得直咧嘴。请你回忆一下，母鸡、鸭子、鸽子和大白鹅吃的都是什么？

2.请宝宝说一说图中蔬菜的味道都是什么，动物们吃了之后都有什么表现。

3.请宝宝根据对故事的理解和记忆，把图中相应的事物进行连线。

早教指南

宝宝对事物的理解与思维水平、生活经验、知识量有关。单纯让宝宝死记硬背故事、儿歌、古诗，不如同时利用理解记忆和机械记忆这两种记忆手段。妈妈引导宝宝把记忆内容与生活中宝宝所熟悉的事物进行联系，多提问来促进宝宝思考，这些方法都能加强宝宝对记忆材料的理解。

对对捏

● **游戏目的**

　　练习用小指和大拇指的指尖对捏细小物品；按颜色来分类。

● **游戏准备**

　　跳棋。

● **游戏步骤**

　　1.教宝宝用小指和大拇指的指尖，把棋子放在棋盘的任意小孔上。注意不要让宝宝把棋子放入口中。

　　2.请宝宝用小指和大拇指的指尖，把几个相同颜色的棋子捏起，摆放在一起。

● **早教指南**

　　妈妈可以轻轻掰着宝宝的手指，让宝宝学习用小指和大拇指对捏。有的宝宝兴趣比较大，学得较快，能够熟练地用小指和大拇指的指尖捏起棋子，放在棋孔中。这样的宝宝可以给他新的挑战，将相同颜色的棋子捏起，摆放在一起。有的宝宝手指还不太灵活，动作很生疏，需要平时多练一练。

镊子夹物

● **游戏目的**

　　学习用小镊子夹细管；练习点数。

● **游戏准备**

　　小镊子(如眉毛夹)、口服液吸管若干、盘子。

● **游戏步骤**

　　1.妈妈把口服液吸管或其他较细的吸管散落在桌子上，手把手地教宝宝用镊子夹一两个，然后请宝宝自己用镊子把细管夹在盘子里。

　　2.请宝宝数一数盘子里共有多少根细管。

● **早教指南**

　　经过练习，有的宝宝使用镊子的动作比较熟练，比较生疏的宝宝可要加油啊。

　　数细管时，教宝宝拿起一根细管，数一个数，然后放到妈妈的手里，最后报出总数。宝宝依靠取放动作比用手指点数的方法更容易做到手口一致，因此能数更多的数，最后看看宝宝能数多少个。

水滴也流浪

● **游戏目的**

学习使用吸管吸水，锻炼双手的协调能力；学会思考问题。

● **游戏准备**

小碗2个、海绵、小毛巾、小勺、吸管、托盘等。

● **游戏步骤**

1.托盘里放两个碗，其中一个盛一些水。启发宝宝把水从有水的碗里移到另一个空碗里。

2.引导宝宝用吸管转移碗里的水。

早教指南

除了直接用碗倒水、用小勺舀水，妈妈启发宝宝用海绵、小毛巾和吸管等工具也可以转移碗里的水。妈妈可以形象地说："水滴也流浪喽。"

宝宝非常喜欢玩注射器抽水和推水的游戏。开始宝宝不理解注射器抽水、推水之间的关系，但很快就能自己操作全套的动作了。

连续跳

● **游戏目的**

学习双脚沿直线连续跳；学习双腿夹物连续跳；巩固点数的技能。

● **游戏准备**

小毛绒玩具。

● **游戏步骤**

1.在地上画一条直线，请宝宝在10秒内沿直线双脚连续跳，中途不要有停顿，并且要跳一步数一个数，最后自己报出共跳了几步。

2.把小毛绒玩具放在宝宝的小腿中间夹好，请宝宝连续跳一跳。

早教指南

双脚沿直线连续跳时，有的宝宝会越跳越斜，有时中途会停下一会儿。提醒宝宝要沿直线连续跳。10秒内有的宝宝能连续跳2~3米远，自己还会边跳边数数。

2岁后宝宝的大腿可以自然夹紧东西，小腿则需要有意识地夹紧才行。提醒宝宝小腿夹物蹦跳时要夹紧双腿，不要让小毛绒玩具掉下来。

运动游戏 YUNDONG YOUXI

运物高手

● **游戏目的**

学习夹球爬；感知月亮绕地球转；培养竞争意识。

● **游戏准备**

小皮球。

● **游戏步骤**

1.妈妈和宝宝分别扮地球和月亮，请宝宝绕着妈妈手膝着地爬几圈，感知月亮绕着地球转。

2.请宝宝手膝着地，双脚抬起不能落地，臀部和双腿之间夹着小皮球爬行。

3.妈妈和宝宝举行夹球爬比赛，培养宝宝的竞争意识。

早教指南

开始学习夹球爬的时候，有的宝宝不习惯双脚抬起来爬行，往往是双脚抬起来，身体则前倾趴在了地上；有的宝宝双脚能抬起不落地，但却是双手爬行，拖着整个身体向前移动。宝宝要多练习才能掌握哦。

运动游戏 YUNDONG YOUXI

守门员

● **游戏目的**

接地滚球和远距离定向踢球，训练身体平衡能力。

● **游戏准备**

小皮球、小木桩。

● **游戏步骤**

1.妈妈在距离宝宝1米远处，向宝宝身侧一步开外的方向贴地面把球滚过去,请宝宝接球。

2.妈妈立两个小木桩或其他东西当球门，请宝宝站在1～2米开外，左右腿轮流练习"射门"。

早教指南

妈妈贴地面抛球的速度一定要慢。有的宝宝反应比较迟缓，往往球滚过去后才去弯腰接球。也有的宝宝视－动的协调性比较好，可以比较熟练地弯腰抱起球。

游戏拓展 **单脚独立游戏**

2岁左右宝宝进入单腿站立发展的关键期，每天最好坚持练习一会儿单腿站立。可以玩雕塑游戏，全家每人做一个单脚独立的姿势，动作不能相同，看谁先倒下。

运动游戏 YUNDONG YOUXI

小袋鼠跳远

● **游戏目的**

　　学习并脚跳远和连续跳越障碍物，锻炼身体平衡能力。

● **游戏准备**

　　小毛绒玩具若干个。

● **游戏步骤**

　　1.教宝宝学习并脚跳远：双脚并拢后再起跳，落下时双脚可以稍分开。

　　2.把几个小毛绒玩具摆成一列，请宝宝学小袋鼠，连续跳过所有的毛绒玩具。

早教指南

　　宝宝习惯双脚分开起跳和落地。并脚跳远则要求宝宝完全并着双脚起跳，这需要较好的身体平衡能力。虽然宝宝分开双脚跳得比较远，但并脚起跳却非常近。

运动游戏 YUNDONG YOUXI

灵巧的小脚

● **游戏目的**

　　学习用脚夹物、抛球。

● **游戏准备**

　　小皮球、小物品（乒乓球、瓶盖等）。

● **游戏步骤**

　　1.扶着宝宝坐在矮凳上，让宝宝裸着脚，脚旁边放着小纸篓和一些小物品。

　　2.请宝宝用脚把小物品逐个夹起扔进小纸篓里。最后请宝宝用双脚夹起小皮球抛出去。

早教指南

　　妈妈要扶稳宝宝坐在小凳上。鼓励宝宝用小脚夹球用力向前上方抛出，有的宝宝能抛出一小段距离，做得很不错呢。

游戏拓展

小脚真能干

　　请宝宝坐好，妈妈帮助宝宝用脚趾将剪好的皱纹纸条夹好，请宝宝脚趾用力将皱纹纸条撕拉断。这种技能宝宝需要一定的练习才能掌握。

运动游戏 YUNDONG YOUXI

脚跟碰脚尖

● 游戏目的

学习脚跟碰脚尖走直线，锻炼身体平衡能力。

● 游戏步骤

1.妈妈在地上画一条直线。

2.教宝宝脚跟碰着脚尖踩着直线一步步地向前走，即学习 tip – toe 走线。

早教指南

脚跟碰脚尖踩直线走能很好地锻炼身体的平衡能力。开始妈妈可以扶着宝宝走，教宝宝边走边说"脚跟碰脚尖"。有的宝宝要么能连续地脚跟碰脚尖走但却不在直线上，要么能走在直线上但脚跟碰不着脚尖，要记着常练一练。

游戏拓展

听音乐走曲线

用彩色胶带在客厅的地上粘贴一个闭合的折线或曲线，平时经常带着宝宝一起正常迈步踩线走。最好能边听舒缓的音乐边走线，培养动作与音乐的合拍性。

运动游戏 YUNDONG YOUXI

推独轮车

● 游戏目的

学习推呼啦圈滚动，锻炼身体平衡能力。

● 游戏准备

呼啦圈。

● 游戏步骤

1.先向宝宝示范如何推"独轮车"：把呼啦圈竖立在地上，双手交替地向前推动呼啦圈在地上滚动。

2.请宝宝自己练习推呼啦圈。

早教指南

开始宝宝经常将呼啦圈推倒在地，或者干脆在地上拖着呼啦圈走。妈妈要手把手地教宝宝如何双手交替推，经过练习，宝宝就能推着呼啦圈走上一小段距离了。

如果宝宝推呼啦圈比较熟练了，可以让宝宝推着呼啦圈绕着地上的小椅子拐个弯，也可以让宝宝绕着两端放的小椅子来回推呼啦圈走。成人也可以推一个大呼啦圈，和宝宝一起进行推呼啦圈的比赛。

运动游戏 YUNDONG YOUXI

田鼠藏食物

● 游戏目的

学习带球踢入指定目标；向1～2米外的目标投球；学习做事要有耐心和坚持到底。

● 游戏准备

呼啦圈、小皮球。

● 游戏步骤

1.妈妈把呼啦圈平放在宽敞处，作为田鼠藏食物的地洞。

2.把皮球当作田鼠找到的食物，请宝宝从远处带球踢，最后把皮球踢进呼啦圈。

3.和宝宝比赛踢球，看谁先把皮球踢到呼啦圈里。

早教指南

经过几次尝试，宝宝发现使猛劲儿踢球，不能将球踢入平放在地上的呼啦圈里，只能带球踢，边踢边调整方向，当把球踢到呼啦圈附近时，再慢慢将球踢进圈里。

要想把球踢到呼啦圈里，宝宝不但要有运动技能，还要有耐心。宝宝经常把球踢过界，有的宝宝比较泄气，不愿将球追回来，或者干脆抱着球放入呼啦圈里。有的宝宝专注力比较强，能坚持把球从远处慢慢踢到呼啦圈里。

运动游戏 YUNDONG YOUXI

不听话的小兔子

● 游戏目的

学习连续并脚跳远；学习灵活地向前和向后跳。

● 游戏步骤

1.先请宝宝练习单次的并脚跳远，然后鼓励宝宝连续做并脚跳远。

2.配合儿歌《小兔子不听话》让宝宝上下、前后跳一跳，以及连续向前跳和向后跳。

小兔子不听话

小兔子不听话，

上一跳，下一跳，

前一跳，后一跳，

向前跳几跳，

向后跳几跳，

萝卜白菜全颠掉。

早教指南

宝宝做连续跳远时，提醒宝宝双脚并拢，压线向前起跳，并且要并脚落地。并脚跳起和并脚落地不容易平衡身体，有时会变成双脚分开的连续跳。平衡能力好的宝宝，能够并脚跳起、并脚落下地跳几步，虽然距离很短，已经相当好了。

谁不一样

● **游戏目的**

练习整体求异观察；学习分辨深浅色。

● **游戏准备**

铅笔。

● **游戏步骤**

1.请宝宝把各组图中与其他不一样的图形用笔圈起来。

2.再请宝宝指出孔雀中哪个是深绿色，哪个是浅绿色；指出蝴蝶中哪个是深蓝色，哪个是浅蓝色。

早教指南

请宝宝利用整体观察法判断哪个与其他图形不同。有的宝宝可以快速判断出来。如果宝宝有困难，可以结合细节的提示请宝宝分辨。

颜色知觉发展得比较好的宝宝，2 岁左右就对颜色明度比较敏感，能够比较准确地分辨一些颜色的深浅色，还能说出深浅色的名字。深浅色需要持续不断地进行复习和强化，否则容易反弹。

健康食物

● **游戏目的**

　　对健康食物进行分类；了解什么是健康食物。

● **游戏准备**

　　铅笔、食物（鸡蛋、面包、香肠、牛奶、薯片等）。

● **游戏步骤**

　　1.向宝宝介绍下图中哪些是健康食物，哪些是垃圾食物。请宝宝把图中健康的食物用笔圈上圈儿。

　　2.妈妈把家里的一些食物摆在宝宝面前，请宝宝把健康的食物挑出来。

> **早教指南**
>
> 　　平时和宝宝一起在家里找一找更多的食物，说一说哪些是有营养的健康食品（如谷类、水果、蔬菜、鸡蛋、鱼、肉、豆制品、奶类），哪些是没有营养的不健康食品（如咸菜、炸鸡翅、香肠、可乐、饼干、方便面、薯条、罐头、糖果、雪糕等）。让宝宝知道少吃没有营养的零食，从小养成健康的饮食习惯。

思维游戏 SIWEI YOUXI

找舞伴

● 游戏目的

学习根据事物的内在联系进行关联匹配；说出物品的用途。

● 游戏准备

铅笔。

● 游戏步骤

1.引导宝宝分别把上下图中的关联事物对应连线。

2.请宝宝说一说每对有关联的事物的作用。

早教指南

妈妈先做示范，把杯子与牙刷进行连线，告诉宝宝："牙刷的小舞伴是杯子，人们刷牙时需要用到牙刷和杯子。"然后引导宝宝把图中有关联关系的物品进行连线。鼓励和引导宝宝说出每对"舞伴"的用途，帮助宝宝了解事物之间的内在联系。平时可以让宝宝对更多的物品"找舞伴"和"说用途"。

思维游戏 SIWEI YOUXI

猴子回家

● 游戏目的

学习走迷宫；运笔画轮廓；了解猴子的一些生活习性。

● 游戏准备

铅笔。

● 游戏步骤

1.先请宝宝伸出手指从图中的小猴子出发，沿小路一直指到猴子生活的地方——丛林。

2.再请宝宝用铅笔从小猴子出发画线，沿小路一直画到丛林边。

早教指南

鼓励宝宝自己先用手指沿小路走一遍，了解猴子不住在城市、乡村和河边，猴子的家在丛林里。提醒宝宝别给小猴子指错路了，也不能穿过小路直接走到丛林。教宝宝遇到叉口要停一下，判断走哪个路口后再继续前进。

最后再让宝宝用笔沿着小路画轮廓线，进行运笔练习。用笔画路径可以锻炼宝宝的视觉追踪和小手的平衡能力。现在宝宝画线时基本上不会出界了，还达不到这个要求的宝宝要加油啊。注意不要让宝宝拿着铅笔到处跑着玩。

思维游戏 SIWEI YOUXI

可爱的小木偶

● **游戏目的**

　　求异思维训练；学习双重否定分类方法。

● **游戏步骤**

　　1.先和宝宝一起学一学小木偶走路一顿一顿的动作，提高游戏的趣味性。

　　2.请宝宝按上下图的要求，圈出"我"是哪个木偶人。

早教指南

　　"我是谁"是双重求异判断，需要宝宝同时考虑两个否定的条件才能判断出，对训练宝宝思维的敏捷性很有帮助。

　　平时可以让宝宝多玩一些双重求异的思维游戏。如全家人在客厅休息时，妈妈描述，"请宝宝找一找没有戴眼镜，手里也没拿报纸的人是谁"。又如做游戏时，请宝宝拿"上面没有小星星，也不是红色的小皮球"，看宝宝能不能从几个小皮球中拿到正确的皮球。

我不在左边，也不在右边，我是哪个木偶人？

我没有拿花，也没有戴蝴蝶结，我是哪个木偶人？

思维游戏 SIWEI YOUXI

连连看

● 游戏目的

学习依据分类标准进行分类；用语言表达事物的类别属性。

● 游戏步骤

1.引导宝宝分别把上下图的同类事物对应连线。

2.引导宝宝说出每对事物都是什么。

早教指南

妈妈不要对宝宝说按什么类别进行分类，而是让宝宝按照自己所认为的分类标准进行连线。经过以前大量的分类练习，宝宝已经将所接触过的事物的类别属性进行内化，无需成人提出分类标准，自己就会主动地将同类事物进行归类。由于宝宝对概念理解的水平比较低，对于类别属性比较接近的事物，还是会出现错误，如对水果与蔬菜，鸟和鱼就比较容易混淆。

连线之后，再引导宝宝说出他所连线的每一对事物都是什么。有的类别宝宝能自己说出，如鱼，有的类别需提示宝宝才能说出。还有的宝宝直接说出事物的名字，如蝴蝶、蜻蜓，不会将它们概括说出昆虫。

宝宝知道怎么办

● 游戏目的

学习解决问题，增加词汇量，促进语言能力发展。

● 游戏步骤

1. 宝宝高兴时，妈妈提问："如果宝宝口渴了怎么办？""宝宝饿了怎么办？""宝宝困了怎么办？"等一些简单问题，引导宝宝回答。

2. 等宝宝熟悉游戏后，问宝宝一些复杂的问题："宝宝太热了怎么办？"宝宝回答："脱衣服。"妈妈继续追问："还有呢？"宝宝可能会回答："吹风扇。"可以让宝宝多讲几种办法，鼓励宝宝出新点子。

早教指南

宝宝和妈妈一问一答，如果能够把妈妈的问题都答出来，他会十分高兴。对于宝宝答不上来的，妈妈要提醒宝宝，鼓励他找到答案。在这个游戏中宝宝不仅能学会很多新的词汇，而且还可以知道更多解决问题的办法。

宝宝是改错大王

● 游戏目的

提高宝宝说话的自信，发展宝宝的语言能力。

● 游戏准备

宝宝喜欢的动物卡片若干张。

● 游戏步骤

1. 妈妈先出示卡片，让宝宝认一认。然后告诉宝宝："现在我们来玩一个好玩的'改错大王'游戏，宝宝是改错大王，要听出爸爸哪里说错了，再帮助他改过来。"

2. 妈妈拿出一张小鸡图片，爸爸故意说："这是小鸭。"妈妈问："宝宝，爸爸说错了吗？请你改一改。"引导宝宝说出正确答案。

3. 妈妈拿出小猫的图片，爸爸说："小猫'汪汪'叫。"妈妈同样请宝宝改错。

4. 还可以让宝宝抽取图片，妈妈抢先说错，让爸爸改错。

早教指南

宝宝对这个游戏很陌生，但是看到爸爸妈妈总是出错，宝宝也会很高兴地加入游戏。宝宝很高兴可以指出大人的错误。这么做可以使宝宝增加自信。如果宝宝指不出来，大人要提醒宝宝。另外，改错的难易程度视宝宝的经验和能力灵活安排。如果太难，宝宝就没办法对这个游戏产生兴趣。

数学游戏 SHUXUE YOUXI

猴子吃桃

● **游戏目的**

学习用对应法比较两个集合的多少；感知数与量的对应关系；学习礼让美德。

● **游戏准备**

铅笔。

● **游戏步骤**

1.请宝宝用目测法判断并说出图中猴子和桃子各有几个，然后用动作表示数量，有几个就拍几下手或双脚跳几下。

2.请宝宝将猴子和桃子一对一连线，然后说出谁多谁少，谁多了几个，谁少了几个，谁多就在相应的圆圈里涂上色。

3.给宝宝讲儿歌《猴子吃桃》，问宝宝为什么猴子要争抢桃子，多出来的一个桃子怎么办。让宝宝知道与人礼让的美德。

猴子吃桃

树上几个猴？一二两个猴。

树上几个桃？一二三个桃。

猴子要吃桃，争抢打破头。

桃子全摔烂，猴子傻了眼。

早教指南

请宝宝不用点数，直接目测猴子和桃子的数量。还可以用动作表示这些数量，帮助宝宝感知数与量的对应关系，如猴子有两个，就连跳两下，边跳边唱数；桃子有三个，就连拍三下手，边拍边唱数。以此来加强宝宝对数量的感知。

鼓励宝宝自己进行一对一地连线，然后判断谁多谁少，相差几个。有的宝宝看不出来相差一个，妈妈要慢慢启发宝宝。

数学游戏 SHUXUE YOUXI

猴子分果果

● **游戏目的**

感知 0 的数量概念；学习按数取 3 个物品。

● **游戏准备**

彩笔。

● **游戏步骤**

1. 请宝宝说一说图中哪个猴子面前的香蕉有 1 个、2 个、3 个和 0 个，并在没有分到香蕉的猴子面前的圆圈里涂上色。

2. 请宝宝说一说图中哪个猴子面前的苹果有 1 个、2 个、3 个和 0 个，并在没有分到苹果的猴子面前的圆圈里涂上色。

早教指南

请宝宝用目测或点数法，判断并说出猴子们各分到几个果子。教宝宝说出苹果或香蕉是零，不要说没有苹果或香蕉，因为宝宝知道"没有"的含义，但并不清楚"没有了"就是"零"。要让宝宝感知没有就是零个。

 **游戏拓展**

大家一起吃果果

请宝宝为全家人每人分 3 个果子或其他物品。数概念比较强的宝宝，2 岁前就会自己取 3 个，而从未进行数学启蒙的宝宝，快 2 岁半时甚至连 1 个也不会取。教宝宝取一个，数一个数，如果宝宝取到 3 个后还要再取，妈妈问"够 3 个了吗"，引导宝宝只取到 3 个就停下动作。

数学游戏 SHUXUE YOUXI

旅游大巴

● **游戏目的**

用目测法判断数量最多和最少的集合；感知事物最多容纳的数量。

● **游戏准备**

铅笔。

● **游戏步骤**

1.请宝宝目测图中哪辆大巴里的猴子最多、哪辆大巴里的猴子最少。

2.帮助宝宝在猴子最多的大巴旁边的圆圈里打钩。

3.请宝宝用点数法数一数大巴最多能坐几只猴子。

早教指南

现在的宝宝能看出图形或实物直观反映出的数量关系，但对数字所表示的大小抽象关系还不十分理解，因此，妈妈要让宝宝直接目测出猴子数量最多和最少的大巴，不要用点数法在数量1、3、5之间比较多少。

平时让宝宝多感知事物最多容纳数量的概念，如餐桌旁坐满人能容几个人用餐，沙发上坐满人能容几个人坐下，小盒子装满乒乓球能装几个，大杯子能盛几小杯子水，等等。

泥塑游戏 NISU YOUXI

小小糕点师

● 游戏目的

学习揉球和压扁的泥塑基本技巧；学习用辅助工具进行简单的泥塑活动。

● 游戏准备

橡皮泥、塑料直尺。

● 游戏步骤

1.做汉堡包：请宝宝选择与面包、蔬菜和肉饼颜色相近的橡皮泥分别揉成球，再压成圆饼。教宝宝按顺序将圆饼叠在一起，再轻轻按压一下，汉堡包就做好了。

2.做面包：先教宝宝揉个椭球形，再教宝宝用塑料直尺在上面切几刀，面包做成了。

3.做蛋糕：先请宝宝揉一大一小两个圆饼，叠放在一起做两层蛋糕，再揉几个小小的红色橡皮泥球儿当樱桃，点缀在上面。

早教指南

宝宝非常喜欢在泥塑活动中使用笔帽、牙签、直尺等工具，但还掌握不好力度。控制力度一直是宝宝玩泥塑时应该注意的地方，教宝宝做各种糕点时，不要用力太猛，要轻轻按压蛋糕和汉堡包，轻轻用牙签在夹心饼干上扎小坑，轻轻用笔帽为窝头上扎小洞，轻轻用直尺切面包，妈妈也可以适当帮助一下。

玩面团儿

妈妈做面食，如包饺子、包包子、擀面条、扯拉面、做烙饼的时候，可以把一小团面团儿给宝宝，让他也来跟妈妈学一学，或者让他自由玩面团儿。玩面团儿、玩橡皮泥和玩水、玩沙一样，都是宝宝喜欢的游戏，要经常让宝宝玩一下。

纸工游戏 ZHIGONG YOUXI

小导游

● 游戏目的

学用儿童剪刀剪直线；把正方形纸沿对角线折成三角形；和成人一起制作三角旗。

● 游戏准备

长方形彩纸（画有直线）、儿童剪刀、吸管、胶棒。

● 游戏步骤

1. 请宝宝用剪刀沿直线把长方形的彩纸剪出一个正方形。

2. 帮助宝宝沿正方形纸的一条对角线折成三角形。

3. 妈妈沿对角线剪开，用其中一个三角形准备做旗子。

4. 引导宝宝把吸管粘贴在三角形的一个直角边上，做成三角形的旗子。

5. 还可以请宝宝在旗子上画一些或粘贴一些小贴画当装饰。好了，导游旗做好了！

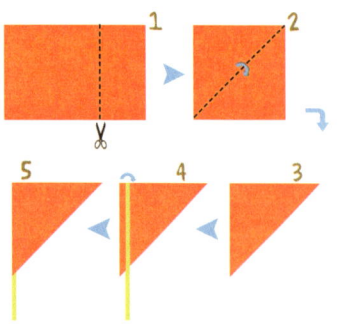

早教指南

这是一个剪纸、折纸和粘贴的综合纸工游戏。小剪刀用得比较好的宝宝，可以学着自己拿纸，自己剪直线。如果宝宝对剪刀的使用还比较生疏，妈妈帮着拿纸，引导宝宝去剪。

两岁前宝宝已经学过把正方形沿中线对折1～2次的技能，现在妈妈手把手地教宝宝学习如何沿对角线对折成三角形。妈妈还可以边折边说"拿好纸，边对齐，手按住，压压平"，增加宝宝对折纸的兴趣。

游戏拓展

当小导游

妈妈可以和宝宝一起制作若干面三角形或长方形的彩旗，全家人每人发一面。请宝宝当小导游，带着家庭旅行团一起游某地，如客厅、卧室、户外小公园、社区健身园等，请宝宝给大家介绍一下这是什么地方，都有什么。旅行团的成员也可以向小导游提出一些问题，请小导游帮助解决。

玩色游戏 WANSE YOUXI

花手帕

● **游戏目的**

学习染纸；培养宝宝玩色的乐趣。

● **游戏准备**

裁成正方形的宣纸或餐巾纸、颜料、小碟若干。

● **游戏步骤**

1.在几个小碟子里分别挤一些不同的颜料，适当添些清水，使浓稀合适。

2.把宣纸折叠几下，教宝宝依次把每个纸角都蘸入颜料水中，让颜色逐渐把纸角浸染。

3.妈妈把浸染好的纸平放在废旧纸上，轻轻将其打开、晾干，就做好了"花手帕"。

早教指南

宝宝非常喜欢玩染纸游戏。妈妈帮助宝宝捏着纸角，将它染上颜色。浸染时，等颜料顺着纸角往上浸湿一段后，再换另一个纸角浸染。请宝宝多染几条"花手帕"，送给家里的每一人。

染纸晾干后，妈妈可以把它剪成窗花、小裙子、小花帽、花蝴蝶等形状，再装入镜框就可以当装饰画了。

2岁1个月～2岁3个月宝宝智能档案

运动	感知觉	观察记忆	思维	数学
★ 能腿夹球连续跳 ★ 会接1米外贴地面滚来的球 ★ 能用小指和拇指对捏细小物 ★ 能更加灵活地跑 ★ 会并脚跳远 ★ 会用脚夹物、抛球和撕纸 ★ 能用小镊子夹细管 ★ 能带球踢入指定目标 ★ 会用各种吸管吸水	★ 能根据实物的形状从袋里摸出相似的几何体 ★ 能拼切分成3块的圆 ★ 能听特征描述从袋里摸出相应几何体 ★ 能根据方位描述找到图画中的位置 ★ 能把四五个物品按粗细排成横队 ★ 能听辨大、中、小3个音量 ★ 能认识红灰、土黄等几种复色	★ 能进行较长时间的观察活动 ★ 能主动回忆三四个事物或动作 ★ 能观察并用积木摆出一些物品、车辆的简单造型 ★ 能一次记忆并执行5条指令 ★ 喜欢主动寻找事物之间的不同之处 ★ 长时记忆又有发展，能再认6个月甚至更长时间以前的物品	★ 会说出多种物品和场所的作用 ★ 喜欢提问题 ★ 能对常见用品根据内在联系进行匹配 ★ 能拼丁字切和十字切的拼图 ★ 能进行双重否定分类 ★ 会根据自己的分类标准把不同的事物进行归类	★ 会唱数至20以上 ★ 会手不接触物品进行点数1～3 ★ 对5以内集合会点数、目测和用对应法比多少 ★ 分辨两位数准确率比较高 ★ 除进位时需提示，能唱数至40或50

语言	音乐	美术	社会交往	生活自理
★ 对新词语敏感和好学 ★ 开始说疑问句 ★ 能比较流畅地用笔描较宽的曲线轮廓 ★ 会背诵很简单的绕口令 ★ 能在引导下编故事 ★ 能描述事物的至少一个特征 ★ 能用形容词"聪明、漂亮、奇怪"等评价人物或事件	★ 2岁后无论是音乐活动还是儿歌表演，动作模仿比之前更加准确和协调 ★ 2岁后表演欲更强，喜欢在人前表现，喜欢拿着麦克风在电视机前载歌载舞 ★ 喜欢自编调子哼唱 ★ 有时能完整地为音乐打强弱拍 ★ 能根据音乐比较复杂的变化主动改变自己的动作	★ 能画简单的命名画和观察画 ★ 粘纸的兴趣、持久性和技能比之前大有提高 ★ 能熟练地玩印章画，印痕清晰 ★ 2岁后审美意识出现萌芽，会对简单的形式美发表意见 ★ 2岁后联想力开始萌芽，喜欢把自己捏的极简单的橡皮泥或折纸想象成什么或者进行更多联想	★ 自己很会玩角色游戏 ★ 能做到别人的东西不乱拿、自己的东西与人分享 ★ 感兴趣的事能玩很长时间，很有成就感 ★ 会用语言评价别人和事情，也会用语言表达自己的情绪	★ 继续养成良好的饮食和卫生习惯，继续使用筷子吃饭。能独立吃饭不用喂，穿鞋子能分清左右，会自己洗脸、洗脚。20～30个月时乳牙出齐，能正确地刷牙

第**10**章

2岁4个月~2岁6个月
亲子早教游戏

三宝！

我的朋友在哪里

● 游戏目的

用触觉分辨物品；学习对文具和餐具进行分类。

● 游戏准备

餐具若干个、文具若干个、布袋。

● 游戏步骤

1.向宝宝出示餐具，如碗、勺、盘子、杯子等；出示文具，如铅笔、橡皮、尺子、转笔刀等。告诉宝宝餐具是用来

吃饭的，文具是用来写字的，让宝宝了解一下餐具和文具的用途。

2.把物品混在一起，4～5个为一组。依次将每一组放在袋子里，请宝宝把餐具和文具一一摸出。

早教指南

每次放入布袋里的东西可以从4～5个开始，逐步再增加数量。触觉分类比有视觉参与的难度要大，宝宝首先需要掌握餐具和文具的概念，才有可能通过触觉将其进行分类。平时，妈妈还可以用其他的物品让宝宝用触觉进行分类。

蒙眼走向目标

● 游戏目的

蒙眼走向3米外的目标；训练闭着眼单脚站立。

● 游戏准备

布、毛绒玩具。

● 游戏步骤

1.在距离宝宝3米处放一个毛绒玩具。用布轻轻蒙住宝宝的眼睛，请宝宝慢慢走向目标。

2.回到原地重新蒙眼站好，先拉着宝宝原地转两圈后停在原来的方向，请宝宝走向目标。

3.请宝宝闭眼单脚站立，平举双臂学开飞机。

早教指南

宝宝很喜欢玩蒙眼游戏。没有视觉参与的运动可以训练宝宝的平衡觉和本体觉。虽然妈妈拉着宝宝转两圈后会让宝宝正对着目标，但有的宝宝却坚持走向别的方向。宝宝做闭眼单脚独立的时间非常短，要让宝宝逐渐去适应。

感觉游戏 GANJUE YOUXI

二娃送饭

● **游戏目的**

训练视觉追踪能力。

● **游戏准备**

白纸或写字板。

● **游戏步骤**

1.结合下图，妈妈说："爹爹在地里干活，娘让二娃去给爹爹送饭，但他不知道走哪条路，请宝宝帮帮他吧！"引导宝宝自己伸出手指，沿图中的每条小路出发，看看哪条路通向田地、石磨和水井。

2.妈妈可以在另外的白纸或写字板上面画几个目标，如兔子和蘑菇，引导宝宝在几个目标之间，自己画路径，再伸手走路径。

早教指南

追踪路线时提醒宝宝手指不要离线，要沿着线仔细走。有的宝宝基本上能自己完整地追踪下来，有的宝宝仍比较被动，需要妈妈手把手地帮助才能完成，平时还需要多练习才行。

让宝宝自己画路线，可以激发对视觉追踪游戏的兴趣，提高视觉追踪的能力。经过练习，宝宝的视觉追踪能力提高得还是比较快的。

小手摸宝

游戏目的

用触觉来辨别几何体；命名各种几何体。

游戏准备

平面图形和几何体、布。

游戏步骤

1. 先把学过的平面图形和几何体让宝宝摸一摸，请宝宝说出它们的名字。

2. 然后把几个平面图形用布蒙盖着，妈妈说形状的名称，请宝宝隔着布把它摸到。

3. 同样再把几个几何体用布蒙着，妈妈说几何体的名称，请宝宝隔着布把它摸出来。

早教指南

先教宝宝沿着几何体的轮廓完整地触摸一遍，感知这些形状的轮廓特征，再做触摸游戏。教宝宝用小手隔着布挨个沿图形的轮廓摸一下再辨别。有的宝宝能隔着布比较顺利地摸出不少几何体，有的宝宝仍是想掀开布看个究竟。

贴房子

游戏目的

蒙眼走向3米外的目标进行粘贴。

游戏准备

自画的房子轮廓、布。

游戏步骤

1. 妈妈事先在纸上画一个房子轮廓，另外画出门和窗。把房子轮廓图固定在墙上或其他地方。

2. 请宝宝看一看房子轮廓图。然后把宝宝的眼睛用布蒙上，让宝宝站在3米外，慢慢走向目标。

3. 待宝宝走到目标前面，妈妈把背面涂了胶的门窗贴画交到宝宝手中，请宝宝把它们分别粘在房子的轮廓里。

早教指南

先让宝宝蒙着眼走向目标，快走到目标附近，让宝宝继续蒙着眼把门窗贴画粘贴在房子轮廓里。去掉蒙眼的布，让宝宝看看门窗安在哪里了，可能门窗都贴到房顶上去了。这个游戏可以反复练习。

知觉游戏 ZHIJUE YOUXI

画山水

● **游戏目的**

学习目测轮廓进行匹配。

● **游戏准备**

铅笔。

● **游戏步骤**

下图中，以左侧图为参照，判断右侧图中哪个是正确的山轮廓和水轮廓,并用铅笔圈起来。

早教指南

有的宝宝平时喜欢玩嵌板游戏，对轮廓比较敏感，21 个月时就能通过目测熟练地判断嵌块与嵌形之间的对应关系，现在目测各种轮廓时,也能比较轻松地应对。做起来有些困难的宝宝，可以引导他将右图的轮廓逐个与左图进行对比观察，最终找到正确的轮廓。

平时让宝宝多玩嵌板可以提高其轮廓知觉能力，让宝宝依靠嵌形的轮廓而不是嵌形的内容或者是动手靠尝试错误法来拼放。

知觉游戏 ZHIJUE YOUXI

我会照顾娃娃

● 游戏目的

根据事物的大小关系进行匹配；学习按一定的排序策略进行排序；感知 1 ~ 5 的序数概念。

● 游戏准备

铅笔。

● 游戏步骤

1. 请宝宝找出图中最大的和最小的娃娃，以及最大的和最小的摇篮。

2. 引导宝宝把所有的娃娃分别与大小合适的摇篮对应连线。

早教指南

引导宝宝先把最大和最小的两对进行连线，再对余下的三对进行判断。在余下的三对中，再引导宝宝找出最大和最小的两对进行连线，最后把余下的一对连上线。

游戏拓展

排排队

妈妈准备大小不等的 5 个碗、5 个瓶盖或 5 个其他物品，请宝宝把它们排队，看宝宝是否会自动按大小顺序排队。教宝宝边排序边说"最大的、第二大的、第三大的、第四大的、最小的"。观察宝宝是否学会自己边排序边说序数词。

记忆游戏 JIYI YOUXI

彩色的记忆

● **游戏目的**

提高有意记忆；提高色彩记忆。

● **游戏准备**

铅笔。

● **游戏步骤**

1.先让宝宝注意看一下图中圆圈里的风筝，说一说上面都有什么颜色。

2.妈妈盖住圆圈里的风筝，请宝宝判断天空中哪个风筝和圆圈里的一样，再把这个风筝和娃娃连上线。

早教指南

这是一个训练有意记忆和色彩记忆的游戏。游戏前，妈妈提醒宝宝要注意看，然后凭有意记忆进行连线。如果宝宝记忆不准，可以再让宝宝看一下原图，直到宝宝自己能记住原图的色彩组成。

平时妈妈自己可以画一些简单的近似图形，里面涂上颜色，请宝宝指出哪些图相同或不同，训练宝宝对色彩的记忆力。

动物过冬

● 游戏目的

训练语言理解记忆；学习复述故事；了解一些动物过冬的常识。

● 游戏步骤

1.先给宝宝讲一遍故事《动物过冬》。

动物过冬

一个冬天的早上，小猫出门去找朋友玩。

它遇到了燕子，想和燕子一起玩。燕子说："不行呀，冬天到了，我要飞到南方去过冬。"小猫难过地走开了。

它又遇到了狗熊，想和狗熊一起玩。狗熊说："不行呀，冬天到了，我要找个洞去睡觉。"小猫难过地走开了。

它又遇到了青蛙，想和青蛙一起玩。青蛙说："不行呀，冬天到了，我要找一片泥地钻进去睡大觉。"小猫又难过地走开了。

动物们都去过冬了，小猫找谁去玩呢？宝宝能给小猫找一些小伙伴吗？

2.请宝宝根据对故事的理解和记忆，回答燕子、狗熊和青蛙是如何过冬的。

3.引导宝宝复述这个故事。鼓励宝宝给全家人讲一讲这个故事。

4.和宝宝一起讨论，人是如何过冬的；更多其他的动物，如蛇、鱼、蜜蜂、蚂蚁、麻雀等是如何过冬的。

早教指南

给宝宝讲完故事后，请宝宝根据记忆回答问题，如果宝宝不明白或记忆不准确，可以再重复一遍故事。

讨论其他动物是如何过冬时，如果不太清楚，可以翻阅资料，最好让宝宝也参与查资料，共同寻找问题的答案。

游戏拓展

向宝宝提问

宝宝现在的生活经验和知识积累比以前更加丰富，对事物的理解水平和思维判断能力也有了很大提高。平时讲童话故事或科普故事时，可以讲完再对宝宝提出一连串问题，不让宝宝看图，也不要提示宝宝，通过回答问题，考查宝宝的理解和记忆能力。

👑 **手指游戏** SHOUZHI YOUXI

齐线倒水

● **游戏目的**

学习齐线倒水；感知不同容器的容积大小。

● **游戏准备**

透明杯子两个（一个外壁贴彩条作刻度线，另一个装大半杯水）、托盘。

● **游戏步骤**

1.托盘里放两个透明杯子，让宝宝自己玩一玩倒水。

2.请宝宝看着指定的刻度线（即外壁贴的彩条）倒水，水面升到指定刻度线时要停止倒水，反复练习。

早教指南

要宝宝做到齐线倒水不是一件容易的事，因为宝宝往往被倒水本身所吸引，无暇去看刻度线。因此，先要让宝宝自己玩一会儿倒水的游戏，再来引导宝宝齐线倒水。宝宝往往一下子倒过头，或者小心谨慎不敢多倒。这个游戏对手眼协调要求比较高，只要宝宝能有意识地看刻度线并控制倒水的动作就很不错了。

游戏拓展

哪个杯里的水多

妈妈把2个形状不同的容器里盛满水，请宝宝比一比哪个容器盛的水多。另外用两个一样大小的透明杯子作测量杯。

这个游戏也可以把水换成米或豆子，让宝宝再来测一测。

👑 **手指游戏** SHOUZHI YOUXI

穿绳绣花

● **游戏目的**

学习按序穿绳的动作；培养专注力和耐力。

● **游戏准备**

穿线板。

● **游戏步骤**

1. 先给宝宝做示范，依次沿小孔的顺序穿绳。

2.引导宝宝自己穿绳。

早教指南

宝宝穿绳的动作早已不在话下，但学习按小孔的顺序一正一反地穿绳，还需要练习。宝宝经常不按照小孔的顺序，见孔就穿。妈妈要随时提醒宝宝，从正面把绳穿过去后，再从反面紧挨着刚才穿绳的小孔把绳子再穿过来。鼓励宝宝一正一反，尽可能按序把小孔都穿起来。这个游戏非常锻炼宝宝的专注力和耐力。

手指游戏 SHOUZHI YOUXI

限时穿珠

游戏目的

训练穿珠速度；了解沙漏是计时工具，感知一小段时间；学习点数报总数。

游戏准备

串珠玩具、小沙漏。

游戏步骤

1. 先让宝宝玩一玩小沙漏，了解沙漏是古时的一种计时工具。

2. 妈妈将沙漏倒置放好，开始计时后，督促宝宝赶快穿珠。沙子漏完后立刻让宝宝停止穿珠，请宝宝数一数共穿了几个珠子。

早教指南

30个月左右的宝宝要求每分钟能穿4～6个木珠。妈妈最好准备能计时一分钟的小沙漏，以免漏沙的时间过长，宝宝的专注力会下降。宝宝虽然不知道什么是一分钟，但会非常着急地穿珠，知道时间到就不能穿珠了。

运动游戏 YUNDONG YOUXI

玩杂技

游戏目的

学习手脚同时搓转几个瓶子；复习用脚夹物、抛球和撕纸等动作。

游戏准备

空药瓶3个、剪成细条的皱纹纸、小物品、球。

游戏步骤

1. 让宝宝坐在小矮凳上，脱去鞋子，双手抱一个空药瓶，脚下踩一个空药瓶。

2. 开始玩杂技啦！请宝宝的手和脚同时搓转两个瓶子，再请宝宝双脚各踩一个瓶子，手脚同时搓转3个瓶子。

3. 请宝宝用脚夹一些小物品，再夹球抛出，最后用脚趾把裁好的皱纹纸条夹好并撕拉断。

早教指南

宝宝很喜欢搓瓶子这个挑战性游戏，情绪兴奋，注意力高度集中。开始时宝宝不能手脚同时兼顾，慢慢地动作就能协调了。

运动游戏 YUNDONG YOUXI

传球能手

● **游戏目的**

前屈身向后抛球，发展大动作能力。

● **游戏准备**

小皮球、毛绒玩具。

● **游戏步骤**

1.先给宝宝示范前屈身向后滚球：分开腿站立，向前弯腰屈身，双手把球从两腿间向后抛出或滚出去。

2.请宝宝做前屈身向后抛球或滚球的动作。

3.在宝宝身后近处放一个毛绒玩具，让宝宝对着玩具抛球。

早教指南

宝宝前屈身向后把球抛出去的难度不太大，有的宝宝能一只手向后抛出，有的宝宝能把球斜着抛出。但宝宝前屈身向后抛球将后面的玩具击中还是需要较好的手眼协调能力的。

运动游戏 YUNDONG YOUXI

接球能手

● **游戏目的**

学习用手接地滚球；学习用脚接地滚球。

● **游戏准备**

小皮球。

● **游戏步骤**

1.妈妈和宝宝相距1~2米远，相互用手贴地面滚球给对方，并用手接住对方滚来的球。

2.妈妈站在宝宝1~2米外，向宝宝站立的位置把球贴地面滚出去，请宝宝用一只脚将球接住。

早教指南

学习用脚接球时，妈妈抛球的速度要慢，提醒宝宝抬脚把球踩住或挡住。有的宝宝需要成人扶着，才能抬脚把球接住，否则单脚站立不稳。有的宝宝自己能抬脚接球，但动作滞后。经过练习，有的宝宝能在不扶的情况下，及时抬脚接住地面滚来的球，这是很不错的成绩。

跳起够物

● 游戏目的

锻炼身体向上跳起抓够物品的能力；认读数字。

● 游戏准备

自制数字卡片若干张、一根绳子、衣夹若干个。

● 游戏步骤

1.妈妈事先在每张纸卡上写一个三位数。

2.把这些纸卡一一夹在绳子上，爸爸和妈妈把绳子拉到适当高度，使宝宝跳起时，能伸手够到图卡。

3.妈妈说一位三位数，请宝宝找到相应的纸卡并伸手跳够，鼓励宝宝将它们读出来。

早教指南

跳够，指的是双脚跳起触摸或抓取悬挂物，是一种定向跳跃运动，需要比较好的手－眼－腿的协调能力。缺乏跳够练习的宝宝，现在的跳够动作仍然不协调，往往是跳完之后，再伸手去够。跳够是一项需要长期训练才能掌握的运动技能，平时父母要注意多提供跳够的机会，如拿着宝宝喜爱的东西，让宝宝对准目标跳起够着，或者在家里固定的地方系上铃铛或其他饰物，让宝宝练习跳够。注意不要让宝宝独自玩绳子。

在跳够的游戏中，宝宝会通过无意学习的方式巩固三位数的指认和读法。妈妈也可以让宝宝跳够指认汉字、图形或其他内容的卡片。

 游戏拓展

跑步小将

2岁多的宝宝需要每天保证充足的大运动量。慢跑是一项锻炼心肺功能、促进血液循环、增强身体素质的有益运动。

可以经常让宝宝在公园或小区的空地处自由慢跑，最好选择有起伏的缓坡来慢跑，还能促进感觉统合能力的发展。有的宝宝体能很好，能连续跑个几百米。注意让宝宝跑慢点儿，也不要跑得太久。如果宝宝对较长距离的慢跑不感兴趣，也不要勉强宝宝。

竞技比赛

● **游戏目的**

学习小腿套着呼啦圈行走；练习夹球跳、推呼啦圈绕物走、坐爬运球、定距投球等运动技能。

● **游戏准备**

小皮球、呼啦圈、小毛绒玩具。

● **游戏步骤**

1.帮助宝宝把小号呼啦圈套在他分开站立的小腿上，请宝宝套圈行走。

2.复习以前学习过的几种运动技能，如小腿夹小毛绒玩具连续跳、推呼啦圈绕障碍物走、并腿坐爬运小皮球、将小皮球投向1～2米远的小毛绒玩具等。

3.为激发宝宝的兴趣和比赛意识，可以和宝宝开展这些运动比赛。

早教指南

宝宝的小腿套小号呼啦圈行走时，要让小腿分开努力撑着呼啦圈才行，因为宝宝的腿短，所以呼啦圈要用最小号的。有的宝宝能套圈走上十几步，腿部控制能力还是相当不错的。

我会这样跳

● **游戏目的**

学习跳"包子剪子锤"；学习向左跳和向右跳；复习连续并脚跳远。

● **游戏步骤**

1.先请宝宝练习连续并脚跳远，提醒宝宝并脚跳起和并脚落下。

2.和宝宝一起侧身向左跳一跳，向右跳一跳。

3.配合儿歌《包子剪子锤》教宝宝学习跳包子（双腿分开）、跳剪子（双腿一前一后）和跳锤子（双腿并拢）。

包子剪子锤

包子、剪子、锤锤锤!

跳个包子包锤子，

跳个锤子砸剪子，

跳个剪子剪包子。

早教指南

教宝宝向左、向右跳时，不能转过身再跳，而是侧着身直接向左、向右跳，这需要宝宝的身体有很好的协调能力。跳"包子剪子锤"时只学动作，不学三者之间的逻辑关系。

箭头跳

● **游戏目的**

学习向任意方向灵活起跳。

● **游戏准备**

呼啦圈。

● **游戏步骤**

1.把呼啦圈放在地上，把自制的纸箭头任意拨到某个方向，请宝宝站立不动，直接侧身向箭头所指方向跳出呼啦圈。

2.可反复玩这个游戏。

早教指南

宝宝按箭头所指方向跳出呼啦圈时，总习惯地转身面对箭头方向再去跳。妈妈可以按着宝宝的肩膀，让宝宝身体不动，侧身向箭头方向跳出去。宝宝开始不易保持平衡，落地时会摔倒，但经过练习，宝宝就基本上能够按任意方向跳出并站稳了。

学拍球

● **游戏目的**

学习拍球，发展大动作能力和手眼协调能力。

● **游戏准备**

小皮球。

● **游戏步骤**

1.妈妈示范拍球：将球轻轻垂直抛下，伸出手掌，等球快弹到腹前时，用手掌轻拍一下球。

2.请宝宝伸出双手拍球，先不要求单手拍球。

早教指南

宝宝拍球往往会使劲向下抛出，或者斜着抛出，结果难以拍到球。宝宝的手眼协调和反应速度跟不上，能拍中一次就已经不错了，还需要平时加把劲儿。

游戏拓展

踢沙包

妈妈把一头系绳子的沙包让宝宝拉着用脚踢沙包，宝宝可以扶着支撑物来踢。记下宝宝一次能连续踢几下，空踢和小腿踢到的可不算哟。

玩转四巧板

● **游戏目的**

学习拼摆四巧板。

● **游戏准备**

自制四巧板。

● **游戏步骤**

1.妈妈用厚纸板自制一个四巧板。

2.和宝宝一起拼一拼基本的平面图形，如正方形、长方形、平行四边形、梯形和大三角形。

3.请宝宝对着参照图，逐一拼摆出不同的造型，也可以让宝宝自由拼摆造型。

早教指南

引导宝宝拼摆四巧板，可以帮助宝宝感知图形的组合变化，培养宝宝的想象力和创造力。开始可以让宝宝直接在参照图上面拼摆，熟练后，再看着参照图来拼摆。有的宝宝自己能摆出大致的位置，但把三角形放正还有困难，妈妈可以帮助宝宝放整齐。妈妈也可以自己创造其他的造型让宝宝观察模仿。培养宝宝玩四巧板的兴趣比是否能正确模仿并规整地拼摆出来更重要。

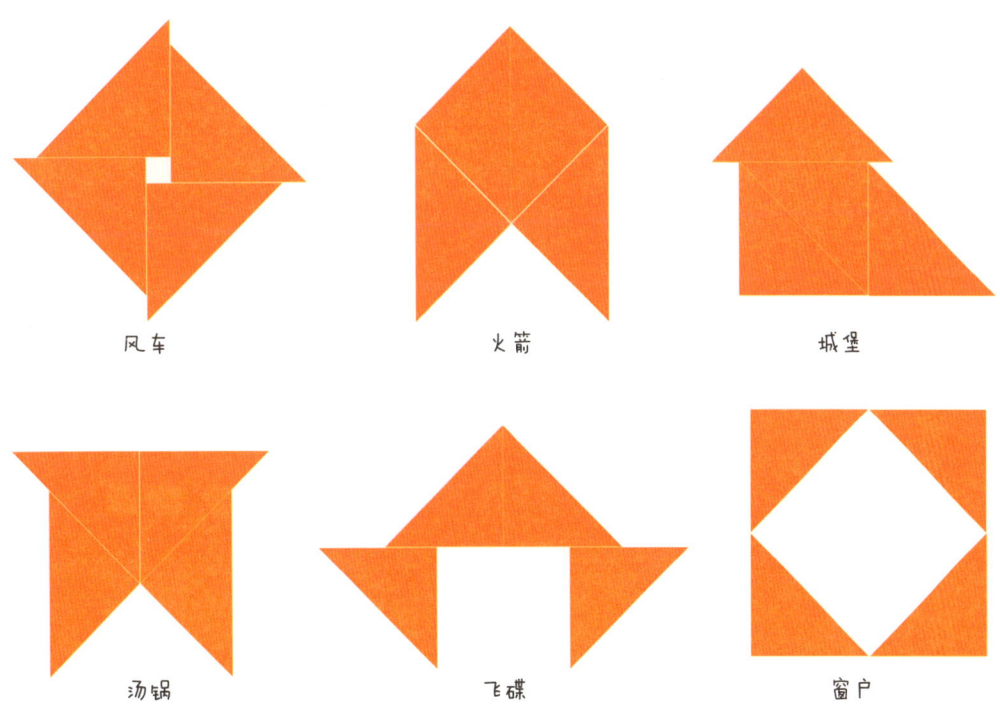

风车　　　　　火箭　　　　　城堡

汤锅　　　　　飞碟　　　　　窗户

请你找出来

早教指南

妈妈要给宝宝思考的时间，尽量由宝宝自己完成答案。有的宝宝能想一会儿，最后自己做出来。有的宝宝则需要妈妈的帮助才行。妈妈可以引导宝宝先挑出符合肯定特征的事物，再从中挑出符合否定特征的事物。如下图先把交通工具挑出来，再从中挑出不能在天上飞的火车和汽车。

平时妈妈可以多让宝宝做这样的二维分类游戏，既能巩固各种类别概念，如动植物、服装、玩具、家电、乐器、日用品等，又能训练宝宝思维的灵活性。

● 游戏目的

同时考虑肯定和否定特征进行二维分类；复习巩固各种类别概念。

● 游戏步骤

1.请宝宝指一指下图中的动物和交通工具。

2.请宝宝把下图①中不是家畜的动物用笔圈起来，把下图②中不能在天上飞的交通工具圈起来。

请你把是动物但不是家畜的用笔圈起来.

①

请你把是交通工具但不能在天上飞的用笔圈起来.

②

走向欢乐谷

● **游戏目的**

学习走迷宫；运笔画轮廓。

● **游戏准备**

铅笔。

● **游戏步骤**

1.先请宝宝伸出手指沿下图中的小路走

一遍，看如何从小女孩出发走到欢乐谷。

2.再请宝宝用笔从小女孩出发处画线，沿小路一直画到欢乐谷。

早教指南

鼓励宝宝自己先用手指沿小路走一遍，提醒宝宝遇到岔口要停一下，判断走哪个路口后再继续前进。然后再让宝宝用笔沿着小路描轮廓线，要求宝宝能流畅地画出路径且少出界。

思维游戏 SIWEI YOUXI

动物排队

● **游戏目的**

观察判断事物排序的规律。

● **游戏准备**

铅笔。

● **游戏步骤**

请宝宝根据图中的排序规律，把最后一个循环的动物和皮球连上线。

早教指南

鼓励宝宝先自己进行连线。观察和推理能力强的宝宝，自己就可以根据前面的排序方式进行连线。对于有困难的宝宝，妈妈再适当提示："大象－熊猫－熊猫，大象－熊猫－熊猫，接下来是什么呢？"

 游戏拓展

看图谱穿串珠

妈妈事先在纸上画好彩珠排序图谱，如红黄蓝－红黄蓝，或绿绿黄黄－绿绿黄黄等，排列顺序不要太复杂，请宝宝看着图谱穿珠。开始妈妈可以指着图谱提示宝宝该穿哪种颜色的珠子，之后鼓励宝宝自己看图谱穿珠。

经过练习，有的宝宝能够自己有意识地看图谱选择下一个颜色的木珠，并能连穿好几个循环。但有的宝宝仍只顾自己穿珠玩，或者需要妈妈提示。

思维游戏 SIWEI YOUXI

挑一挑

● **游戏目的**

同时考虑肯定和否定特征进行二维分类；学习描述事物的特征。

● **游戏准备**

铅笔。

● **游戏步骤**

1.先请宝宝根据各图要求挑出需要的图形，并用笔圈起来。

2.请宝宝每组图任选一个图形描述其特征。

> **早教指南**
>
> 引导宝宝先挑出符合肯定特征的事物，再从中挑出符合否定特征的事物。如挑不是绿色的圆形，可以先把圆形都挑出来，再从中挑出不是绿色的。宝宝能做对一部分就很好了。
>
> 宝宝只能用语言描述所选图形的特征，妈妈根据描述指出图形，宝宝判断妈妈指的对不对。

请你把没有烟囱的红屋顶的房子圈起来。

请你把是圆柱体但不是蓝色的立体形圈起来。

请你把是圆但不是绿色的平面形圈起来。

去工地

● 游戏目的

练习唱数至 40 或 50；学会按序排数 1～9；学写数字。

● 游戏准备

铅笔。

● 游戏步骤

1. 和宝宝一起唱数至 40 或 50，可以带着宝宝从任意位起，按正序方向或倒序方向背诵数字链。还可以和宝宝只背诵进位数 10、20、30……帮助宝宝感知进位。

2. 请宝宝仔细看一看图中这列开往工地的火车，判断大树挡住了哪个数字的车厢，然后将缺少的数字与相应的车厢连上线。

3. 帮助宝宝写一写 0～9 的数字，看宝宝会写几个。

早教指南

宝宝会唱数或背诵数字到几十，并不说明宝宝会灵活掌握数字链的顺序。教宝宝从 1 开始指点着车厢上的数字，找到缺的数字，然后进行连线。

平时和宝宝一起玩拼数字卡的游戏，如果拼 10 以内的数字没问题的话，可以继续沿数字链向上拼。拼数字和背数字的游戏随时随地都可以进行。

数学游戏 SHUXUE YOUXI

比一比

● 游戏目的

学习用目测法判断两个集合是否一样多。

● 游戏准备

铅笔。

● 游戏步骤

1.请宝宝判断下面各组图中，哪组动物的数量一样多，在对应的圆圈里打上钩。

2.对数量不一样多的动物，请宝宝判断哪边多，哪边少，并把动物多的一边用笔圈起来。

早教指南

一样多的概念一直是婴幼儿理解数量概念的难点，宝宝对一样多概念的理解要滞后于判断谁多谁少。让宝宝直接用目测的方法来判断一样多、不一样多、哪边多、哪边少。妈妈可以启发宝宝"两边都是2个，两边一样多"，或者"这边多，这边少，两边不一样多"，让宝宝慢慢感知一样多的概念。

妈妈要注意提问的方法，要问"两边的动物一样多，还是不一样多"，不要问宝宝"两边的动物一样多吗"或者"两边的动物不一样多吗"。因为宝宝会受语言暗示的影响，前者很可能会顺势回答"一样多"，而后者会顺势回答"不一样多"。

语言游戏 YUYAN YOUXI

动物园里的故事

● **游戏目的**

玩动物园的象征游戏；自编动物园的故事并进行表演；判断和评价故事角色的行为好坏；感知哺乳动物、爬行动物、鸟、鱼等动物类别。

● **游戏准备**

仿真动物模型、积木、盘子、盒子等。

● **游戏步骤**

1.引导宝宝用积木、盘子、盒子、图书等搭建围栏、笼子、水池、小山，把各种仿真动物模型放在其中，建立一个动物园。

2.和宝宝一起编一个关于动物园的故事，如羚羊走失了，大家如何去寻找，或者老虎想称王，欺负其他的动物怎么办等，并和成人一起用动物道具进行故事表演。

3.请宝宝根据自编的故事，评价一下哪些动物做得好，哪些动物做得不好，说一说理由。

4.和宝宝一起对动物模型按哺乳动物、爬行动物等进行分类，了解它们主要的生活习性。

早教指南

宝宝创编故事的能力与平时的故事输入量、生活经验以及知识积累有关。鼓励宝宝自己编，甚至胡乱编都没有关系，让宝宝展现他自己想象中的世界比在成人引导下完成故事更重要。

语言游戏 YUYAN YOUXI

传悄悄话

● **游戏目的**

锻炼宝宝的语言能力，明白说话发音不清楚会使人误解。

● **游戏准备**

爸爸妈妈、爷爷奶奶、宝宝都在场。

● **游戏步骤**

1.妈妈在宝宝耳边讲一句话，宝宝听懂了之后，让他把这句话悄悄地告诉爸爸。

2.宝宝会高兴地爬到爸爸耳边把话传给爸爸，然后爸爸再悄悄地告诉爷爷，爷爷再悄悄地告诉奶奶，奶奶最后大声讲出悄悄话的内容，让大家听听是否走样了。

早教指南

对幼儿口齿不清的预防和矫治需注意以下几项原则：①在儿童学说话的关键时期，教给他正确而清晰的发音。②在宝宝发音不准时不要指责、嘲笑，避免他因紧张而不敢发音。③4岁后，如果宝宝仍有明显的发音问题，应及时就诊，明确原因，对症治疗。④必要时可以为宝宝进行发音矫正训练。

律动游戏 Lǜ DONG YOUXI

杜鹃圆舞曲

● **游戏目的**

感受跳集体舞时轻松愉悦的情绪；学习合拍地做各种动作，如拉手摇摆、向圈里和圈外移动。

● **游戏准备**

音乐《杜鹃圆舞曲》（约纳森）。

● **游戏步骤**

1.参加者有宝宝、妈妈、爸爸，以及其他家庭成员，总人数要为偶数，每两人为一对，面对面、手拉手站立做好准备。

2.播放音乐。全体人员随音乐合拍地做各种律动。动作参考如下：

前半部：两人一对，手拉手，随音乐左右摇摆；之后交换舞伴，每人与旁边的人重新组成一对，手拉手随音乐左右摇摆。

后半部：在"啦"音开始后，所有人拉成一个大圈，然后反复向中央缩小围圈和向后退扩大围圈。

音乐结束时，全体做谢礼的动作：男士躬身，右手放心口处致礼；女士张开双臂，同时略下蹲行礼。

3.再播放音乐跳一遍，熟悉集体舞的跳法。

早教指南

乐曲可以选一支《杜鹃圆舞曲》的第一段小圆舞曲。宝宝非常喜欢这个集体舞，特别是交换舞伴摇摆时，宝宝更欢喜，如果大家庭的成员都参加，气氛会更加热烈。在遇到家庭成员生日、节假日或家中有高兴的事时，别忘了全家人跳上一支集体舞，让宝宝知道跳集体舞可以表达高兴的心情。

宝宝参与的集体舞不要有太复杂的队形变化。宝宝跳上几次后，一般就能理顺动作的变化了，关键是要随着音乐合拍地摇摆或移动身体。注意不要让全家的快乐声盖过音乐声，以免影响动作的合拍性。

乐器游戏 YUEQI YOUXI

春天来了

● **游戏目的**

感受音乐带来的恬静愉快的情绪；与他人一起进行简单的乐器轮奏；学习节奏传球。

● **游戏准备**

音乐《春天来了》、手摇铃、乒乓球若干个。

● **游戏步骤**

1.爸爸、妈妈和宝宝围个圆圈坐好，每人拿一对手摇铃。

2.乐器游戏：播放音乐，随音乐的节拍进行乐器伴奏。第一段，宝宝独奏；第二段，妈妈独奏；第三段，全体合奏。

3.传球游戏：再次播放音乐，随音乐按大节拍做传球游戏。

早教指南

宝宝单独打击乐器时，节奏会不太稳定，妈妈可以适当带一下宝宝。妈妈独奏时，提醒宝宝要学会倾听别人的独奏，不要东张西望，更不能去拿别人的乐器。

节奏传球是通过传球这个有趣的动作来训练宝宝的拍感，是训练节奏感的方式之一。可以先手把手地教宝宝取球、送球，边踩着节拍点，边说"取，送，取，送"，让宝宝感知取球、送球的节拍感。之后，让宝宝自己从妈妈手里取球，再送到爸爸手里。同时，爸爸要把从宝宝那里得到的球交到妈妈手里，由妈妈准备好，让宝宝不断拿取。

刚接触节奏传球活动时，宝宝会显得紧张而兴奋，有时会手忙脚乱地没了节奏感。不过，很快宝宝就能基本上合着若干个小节的节拍传球了。注意不要过早地采取每个人都左手接球、右手送球的正规方法，宝宝的小手控制能力和传球速度还都达不到这个要求。

泥塑游戏 NISU YOUXI

我会刷牙

● **游戏目的**

学习团球和压扁的泥塑技能；学习用工具进行简单的泥塑活动。

● **游戏准备**

橡皮泥、笔帽、牙签。

● **游戏步骤**

1.做牙缸：请宝宝搓个稍大些的球，用笔帽从中央扎个洞，做个杯子。再搓个长条，做杯子把。妈妈帮助宝宝把杯子把安装在杯子上。

2.做牙刷：先搓个小球压扁，做牙刷的刷头。再搓个白球压扁，按压在刷头上做刷毛。教宝宝用牙签在刷毛四周压出印痕，并在上面轻轻扎一些小坑，使它看上去更像牙刷。再请宝宝搓个细长条做牙刷柄。妈妈帮助宝宝用牙签把刷头和刷柄插接在一起。

3.好了，小心地拿起牙缸和牙刷刷牙吧。

早教指南

掌握力度仍是宝宝学习泥塑的重点。教宝宝使用笔帽和牙签时不要用力过猛，以免把橡皮泥扎变形，甚至扎穿。有的宝宝精细动作发展得不错，能够有意识地控制小手的力度，轻轻地用牙签扎出小坑和压印。注意使用牙签时妈妈要看护好宝宝。

纸工游戏 ZHIGONG YOUXI

摘果子

● **游戏目的**

使用儿童剪刀学剪圆形；学习沿路径运笔。

● **游戏准备**

儿童剪刀、彩纸、盘子。

● **游戏步骤**

1.妈妈在彩纸上画几个圆形当苹果、橘子或柿子等。

2.妈妈帮助拿纸和移动纸，请宝宝用儿童剪刀沿圆形线剪圆。然后请宝宝把剪下的水果放在盘子里给大家分享。

早教指南

妈妈帮助宝宝拿纸，让宝宝只专注于沿圆形线将圆剪下。练习一段时间后，可以尝试让宝宝自己一手拿纸，一手剪直线、剪弧线。手越用越灵巧，要定期让宝宝做一些剪纸活动，否则有的 28 个月龄的宝宝使用剪刀的动作仍然非常笨拙，开合剪刀很不灵活。

春天的玫瑰花园

- **游戏目的**

  培养对粘贴画的兴趣；学习线条的命名。

- **游戏准备**

  自剪的彩色纸条、卡纸、胶棒等。

- **游戏步骤**

  1.妈妈先用彩纸剪好若干个纸条，包括直线、波浪线、螺旋线和椭圆形备用。请宝宝指认并说出这些线条和形状的名称。

  2.引导宝宝把代表玫瑰花的螺旋线、茎的直线、叶的椭圆形和泥土的波浪线，粘贴在卡纸适当的位置上。

> **早教指南**
>
> 在粘贴游戏中，教宝宝了解这些线条所代表的象征意义，加深对线条名字和特征的认识。教宝宝把纸条平放好，在上面均匀地涂抹胶，然后胶面朝下地进行粘贴。有的宝宝动作已经达到十分熟练的地步，有的宝宝则耐心不足或动作仍比较笨拙，后者可需要加把劲啊。

我的小房子

- **游戏目的**

  学习把正方形的纸折成房子；为纸房子添画。

- **游戏准备**

  正方形彩纸、蜡笔或油画棒等。

- **游戏步骤**

  1.引导宝宝沿正方形的中线对折一次，再将两边沿长方形的中线向里对折，折成小正方形。

  2.妈妈把小正方形两边的袋子打开，展露出三角形的屋顶。

  3.引导宝宝在纸房子上画出门窗、瓦片，并涂上好看的颜色。

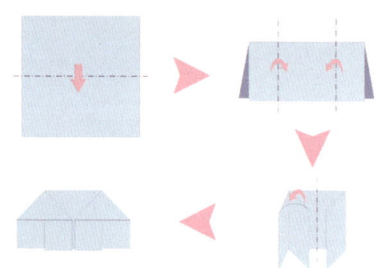

> **早教指南**
>
> 30个月左右的宝宝自己会折两三折的纸，但比较粗糙。这个游戏重点是教宝宝对齐边和按压线的技能，妈妈来完成打开和展露三角形的步骤，帮助宝宝盖好"毛坯房"，最后引导宝宝用笔"装修"房子。可以多折几个"毛坯房"，让宝宝练习对边和压线。

旋转的星空

● 游戏目的

学习用印章作画；培养宝宝玩色的兴趣。

● 游戏准备

白纸、海绵棒两个、颜料（深浅蓝色）、调色盘、自剪星星图形若干、胶棒。

● 游戏步骤

1.请宝宝用不同的海绵棒蘸上深蓝色和浅蓝色，在白纸上盖上深浅相间的印章。

2.请宝宝把剪好的星星粘贴在蓝色的天空中。和宝宝一起欣赏这幅唯美的作品吧。

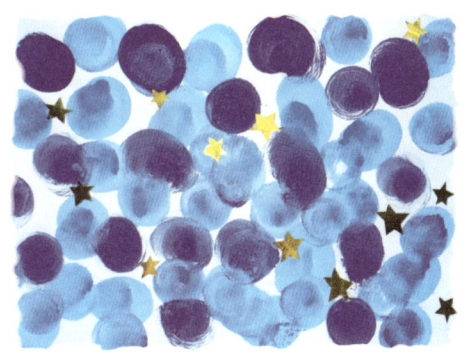

早教指南

引导宝宝用不同的海绵棒分别蘸深浅蓝色，以免串色。盖印章时，教宝宝旋转着去盖海绵棒，这样会有一点旋转的效果。提醒宝宝不要挤在一处印，可以先印深蓝，再印浅蓝，或者相反，这样印出的效果才有层次感。

全家福

● 游戏目的

学习画出更多细节的人物；了解人的性别特征。

● 游戏准备

白纸、水彩笔。

● 游戏步骤

1.先让宝宝说出爸爸、妈妈和自己的性别，引导宝宝观察三人的高矮、胖瘦、穿戴、头发长短、有无卷发、有无胡须等特征，然后在纸上画出全家福，画出的细节越多越好。

2.宝宝画完，问宝宝画的都是谁，讲一讲所画的细节。

早教指南

爸爸和妈妈可以刻意打扮一下自己，如爸爸戴上眼镜和帽子，妈妈戴上项链和耳环，创造更多的细节供宝宝观察和绘画。

引导宝宝观察每个人五官和穿着的特点。有的宝宝还能画出成人没有提示到的细节，如爸爸的领带和皮鞋、妈妈衣服上的扣子等。宝宝画完后，请他讲一讲画面上都画了什么，人物正在做什么，以及所画的细节。宝宝画得好不好不重要，只要宝宝津津有味地作画并能画出一点细节特征，就非常的棒！注意不要让宝宝拿着笔又跑又跳。

2岁4个月~2岁6个月宝宝智能档案

运动	感知觉	观察记忆	思维	数学
★能长距离地走和跑 ★提示下会按序玩穿线板 ★能向前后左右方向跳 ★能单足站立，用另一只脚接住地面滚来的球 ★能每分钟穿4~6颗珠子 ★跳"包子剪子锤"能站稳 ★会伸出食指和中指做剪刀状	★能听辨男女老少说话和唱歌的音色 ★会自己拼切分成4块的圆 ★会拼将人体分成五六个部分的拼图 ★喜欢玩蒙眼走向远处目标的游戏 ★会把5个大小不等的球按序排成一队，边排边说"最大的、第二大的……最小的" ★能隔着布触摸分辨平面图形和几何体 ★说出颜色名字的准确率比较高 ★能描正方形等平面图形的轮廓，有时能画出直角	★通过观察和推理能找出图画中的缺块 ★能记住并转述一句话 ★能用积木搭建两层的立交桥 ★能一次按序执行四五条指令 ★能发现更隐蔽的、只露很少部分的目标 ★能在更多的答案中凭记忆指出曾出现的图形	★知道职业与工具的匹配关系 ★会走比较复杂的迷宫 ★能同时考虑肯定和否定两个特征进行分类 ★能看出XY、XYZ或XXY等类型的排序规律 ★会按男女老少对人物进行分类	★认识三位数 ★会取3个的量 ★喜欢玩简单的统计和测量的游戏 ★会取4个的量 ★知道5以内的序数

语言	音乐	美术	社会交往	生活自理
★喜欢主动"瞎"编儿歌、古诗、成语、故事 ★话中开始出现大量的复合句和疑问句 ★能简单地和成人进行一些话题讨论 ★喜欢也能认识一些字 ★学说外语、方言、手语都比较快	★能比较协调地做2个联合动作 ★会做音乐涂鸦游戏 ★在成人提示下，可以比较快速地转换组合动作 ★喜欢和大家一起跳集体舞 ★歌唱的节奏、吐字比之前更清楚 ★专注力增强，能玩3分钟长的一支音乐律动游戏	★很喜欢各种玩色游戏 ★绘画内容较为丰富 ★玩橡皮泥时能控制手部力量，用牙签和直尺轻轻地扎点、压印和切断 ★会边说边画或者事先说出画什么后再去画 ★会画心目中的细节稍多的"蝌蚪人"	★好胜心比较强，喜欢凡事说"我会"，但遇到困难易急躁和放弃 ★对性别了解得更多 ★能了解更多关于自己和家庭的情况 ★开始出现联合游戏，几个宝宝可以共玩一个玩具，但还没有分工协作	★会穿开领衣服（不要求分清正反面）和袜子（拉上后跟），会解开身上的衣服扣子（纽扣和按扣），会自己爬上板凳、坐在放小圈的马桶上，能帮助大人收拾东西如书报、桌面、衣橱等

第11章

2岁7个月~2岁9个月
亲子早教游戏

感觉游戏 GANJUE YOUXI

水里是什么

● 游戏目的

嗅味觉分辨游戏；了解物质在水中的溶解现象。

● 游戏准备

4个玻璃杯、白糖、盐、白酒和白醋、勺子。

● 游戏步骤

1.妈妈事先准备4杯水，最好倒的是凉白开，然后把白糖、盐、白酒和白醋分别放入4个水杯里，用勺子搅拌均匀。

2.请宝宝闻一闻、舔一舔，分辨4个水杯里分别放的是什么物质。

早教指南

先让宝宝感知一下白糖、盐、白酒和白醋的颜色、味道等特征，然后再把这些东西倒入水杯里。可以让宝宝来搅拌，告诉宝宝"溶解"这个词语，让宝宝对溶解现象有所感知。最后引导宝宝通过嗅味觉将这些溶液分辨出来。

感觉游戏 GANJUE YOUXI

蒙眼走直线

● 游戏目的

学习蒙眼赤脚走直线；练习脚跟碰脚尖走直线、足尖走直线和足跟走直线。

● 游戏准备

细绳、布。

● 游戏步骤

1.在地上画一道直线或拉一根细绳。

2.请宝宝练习几种花样走法：脚跟碰脚尖即 tip – toe 踩线走，足尖踩线走，以及足跟踩线走。

3.用布轻轻蒙着宝宝的双眼，让宝宝光着脚踩着细绳走。

早教指南

宝宝很喜欢玩蒙眼游戏，积极尝试着用裸脚触摸着细绳走直线。经过练习，有的宝宝能够蒙着眼沿着直线走上几步，较少出线。还不熟练的宝宝需要加油啊。注意别让宝宝独自玩绳子。

巧手摸出来

- ● **游戏目的**

　　用触觉分辨物体大、中、小；用触觉对不同物体进行排序。

- ● **游戏准备**

　　自制大、中、小圆形卡，粗、中、细圆柱形积木、布袋。

- ● **游戏步骤**

　　1.先把自制的大、中、小3个圆形卡放入布袋中，请宝宝按照大、中、小的顺序将其依次摸出来。

　　2.再把粗、中、细3个圆柱体的积木放入布袋中，请宝宝按粗、中、细的顺序将其依次摸出来。

> **早教指南**
>
> 　　教宝宝依序把物品摸出来放在面前排成一排。用触觉排序对宝宝是一个挑战，有的宝宝经过练习能摸出成人要求的任意大小的几何形体。妈妈还可以用3支长短不一的铅笔、3本厚薄不一的书、3把宽窄不一的尺子让宝宝用触觉排序。

摸摸都有谁

- ● **游戏目的**

　　触摸分辨物体；训练触觉记忆能力。

- ● **游戏准备**

　　布袋、常见物品（如乒乓球、勺子、笔、夹子、橡皮、小石头、纪念币、手镯、小盒子等）。

- ● **游戏步骤**

　　1.把常见物品分为几组，每组有3～4个物品。

　　2.每次把一组物品放在布袋里，然后请宝宝伸手全部摸一遍，再说出袋子里面都有什么。

> **早教指南**
>
> 　　游戏用的物品要选宝宝认识的。妈妈事先不要让宝宝知道袋子里放的是什么，让宝宝自己摸出并报出全部物品的名字。提醒宝宝把袋里的物品都摸完一遍之后，再说出里面都有什么。然后把物品从袋子里拿出，让宝宝自己看看说对了多少。

感觉游戏 GANJUE YOUXI

听风雨

● 游戏目的

听辨风、雨等声音；学习用打击乐器模拟各种雨点落下的声音；学习儿歌《小雨点》。

● 游戏准备

风声、雨声和雷声的声音素材，鼓、响板、沙蛋。

● 游戏步骤

1.依次播放风声、雨声和雷声的声音素材，或者妈妈模仿刮风、下雨和打雷的声音，请宝宝进行分辨，了解风雨天声音的特点。

2.请宝宝用几种常见的打击乐器为儿歌《小雨点》模拟各种雨点落下的声音，参考如下：

小雨点（曹守旭）

小雨点，下呀下，

敲打雨伞，啪啪啪！（鼓槌轻敲鼓）

拍拍树叶，嚓嚓嚓！（鼓槌在鼓上摩擦）

滚到屋顶，嗒嗒嗒！（轻轻叩响板）

落到水里，哗哗哗！（摇沙蛋）

小小雨点呀，了不起的音乐家！

早教指南

鼓励宝宝用乐器主动模拟出雨点落下的各种声音。妈妈也可以创造出其他的模拟动作。

知觉游戏 ZHIJUE YOUXI

沉甸甸

● 游戏目的

分辨物体的轻重；学习按重量差异进行排序。

● 游戏准备

自制重量筒3个、小物品（如棉花团、小纸球、小石头、积木块等）、天平玩具。

● 游戏步骤

1.请宝宝用手掂量自制的重量筒，分别指出最重、第二重和最轻的重量筒，然后把这3个重量筒按轻重顺序排成一排。

2.把一些小物品放在桌子上，让宝宝吹一吹，再判断这些小物品谁轻、谁重。

3.和宝宝一起玩天平玩具，感知两边物体的轻重或一样重。

早教指南

重量筒制作方法：把不等量的豆粒分别装进3个相同的小瓶里，封好瓶盖，三者的重量要稍有差异。引导宝宝通过掂一掂、吹一吹、看一看、玩一玩等手段了解物体的轻重。

知觉游戏　ZHIJUE YOUXI

彩色糖豆

● 游戏目的

命名颜色；启发宝宝对颜色进行联想。

● 游戏准备

蜡笔或油画棒，油性笔，白纸。

● 游戏步骤

1.请宝宝说出下图中每种糖豆的颜色。

2.引导宝宝展开联想，说一说每种糖豆的颜色像什么。

3.请宝宝用油性笔在白纸上画一些糖豆，并涂上各种颜色。

早教指南

　　2岁半左右的宝宝基本上能正确说出大多数常见颜色的名称，有的还能说出复色和深浅色。还经常说错常见颜色的宝宝需要多复习。

　　对颜色展开联想时，启发宝宝说出各种颜色像什么，每种颜色可做多种联想，如黑色像夜晚的天空、妈妈的黑头发、爸爸的黑皮鞋，黄色像大鸭梨、黄玫瑰花、妈妈的黄提包等。

　　引导宝宝画糖豆要画单个的小圆圈，不要画一连串儿的圆，也不要重叠在一起，尽量离得近一些。教宝宝用圈涂法即由里向外或由外向里一圈圈地为糖豆涂色。

知觉游戏 ZHIJUE YOUXI

穿裙子的女孩

● 游戏目的

感知事物在不同方向具有不同的形态；理解前、后、左、右等方位的概念。

● 游戏准备

铅笔。

● 游戏步骤

1.请宝宝分别将图中爸爸、妈妈、爷爷和奶奶看到的女孩形象一对一连线。

2.请宝宝判断女孩的前后左右方向都是谁（前是奶奶，后是妈妈，左是爸爸，右是爷爷）。

早教指南

通常宝宝能够分辨出正面和背面，也理解侧面，但具体到左右侧面还分辨不清楚，反映了宝宝对空间方位知觉的局限性。平时可以让宝宝对着布娃娃或毛绒熊玩具，从前后左右的方向进行观察，让宝宝明白从不同角度看事物，其形态会有所不同。

判断图中女孩的左右方位时，注意教宝宝小女孩的左右方位与自己的左右手一致。

记忆游戏 JIYI YOUXI

春天的花园

● **游戏目的**

训练有意再现记忆；学习儿歌朗诵表演《春天的花园》。

● **游戏步骤**

1.妈妈先做儿歌朗诵表演让宝宝观察，提醒宝宝注意看。

2.妈妈念儿歌，请宝宝凭记忆模仿出这些动作。

早教指南

妈妈事先提醒宝宝注意看，以唤起宝宝的有意注意。另外先不要给宝宝解释动作的含义，让宝宝只凭机械记忆去模仿，看宝宝能记住几个动作。最后，教宝宝学习朗诵表演这个儿歌。

春天的花园

小风去花园玩耍，
（两食指绕圈转）

小雨去花园玩耍，
（双手下垂，十指抖动）

花园的小草发芽了，
（拳心相对，伸大拇指）

花园的花儿开放了，
（两掌相对，伸展十指）

花园的小树长大了！
（高举双臂，张开十指）

游戏拓展

多学儿歌朗诵表演

2岁半以后的宝宝可以多学一学儿歌朗诵表演，即一边背诵儿歌，一边配合着做各种动作。妈妈要选择一些生动有趣、富于动作表现的儿歌教宝宝学习。这时期的宝宝很喜欢儿歌朗诵表演，能够学会较长儿歌的朗诵表演。

记忆游戏 JIYI YOUXI

做家具

- ● **游戏目的**

  空间有意记忆训练；用积木搭建家具。

- ● **游戏准备**

  积木。

- ● **游戏步骤**

  1.妈妈和宝宝每人分一套相同的积木块。

  2.妈妈每次用积木拼摆一件家具造型，如床、桌子、梳妆台等，然后让宝宝凭记忆复制出来。

  3.请宝宝自由拼摆家具，并说出拼的是什么。

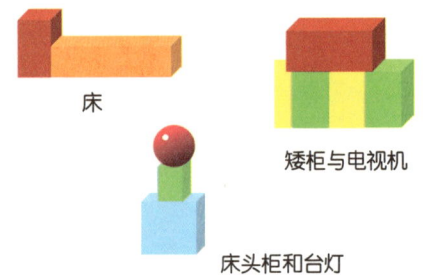

床

矮柜与电视机

床头柜和台灯

早教指南

　　妈妈拼摆的家具造型要简单，使用的积木不要多，如上图所示。提醒宝宝要注意看妈妈是怎么拼摆的，和宝宝一起说说每样家具都有哪些立体形积木，以加强记忆。然后妈妈盖住已有的造型，请宝宝凭记忆再拼摆出来。还可以带宝宝观察家里的家具，然后用积木拼一拼。

运动游戏 YUNDONG YOUXI

投球

- ● **游戏目的**

  对1~1.5米远的目标做定点投球；练习拍球。

- ● **游戏准备**

  小皮球、一个大些的毛绒玩具。

- ● **游戏步骤**

  1.把一个大些的毛绒玩具放在地板或椅子上作为目标，宝宝站在目标之外1~1.5米的地方。

  2.请宝宝对准目标投球，左右手要轮流练习。

早教指南

　　瞄准点状目标进行精确投掷，对宝宝的视－动协调能力要求很高，开始可以站在1米处投掷，再逐渐加大投掷距离。

游戏拓展

拍皮球

　　先让宝宝学习单手拍一下球再双手抱住球，然后学习双手连续拍球。拍球是很好的感觉统合游戏，此外，皮球反弹的高低、远近、前后、左右还能促进宝宝空间知觉的发展。

我的本领大

● **游戏目的**

连续跨栏，促进身体大动作发展。

● **游戏准备**

系皮筋的小木桩。

● **游戏步骤**

1.把皮筋系在小木桩上做几个跨栏，并按一定间隔排成一列。

2.请宝宝迈大步，先正着跨栏，再倒着跨栏。

早教指南

宝宝倒着走连续跨栏时，注意不要让宝宝转过身，而要背对着皮筋迈过。可以根据实际情况调整跨栏的高度。注意不要让宝宝独自玩皮筋。

跳伞表演

● **游戏目的**

练习登高跳，促进身体大动作发展。

● **游戏准备**

30厘米高的凳子或垫子。

● **游戏步骤**

1.准备30厘米高的凳子或垫子做"跳伞塔"。

2.请宝宝站在"跳伞塔"上往下跳。妈妈注意保护好宝宝。

早教指南

2岁半左右的宝宝特别喜欢登高跳下，妈妈应该多创造条件，让宝宝不用扶，自己往下跳。注意地面不要太坚硬，最好铺有地毯或软垫儿，保护好宝宝的安全。

 **游戏拓展**

接气球

妈妈把气球抛到空中，启发宝宝用各种方法不让气球落地，如用手、胳膊、腿、头、肩膀等身体部位去接，还可以用球拍、画报，拉起纱巾去接，反复托起气球。

彩色的舞蹈

● **游戏目的**

训练吹力，锻炼口腔肌肉。

● **游戏准备**

筷子、彩色皱纹纸。

● **游戏步骤**

1.和宝宝一起把彩色皱纹纸撕一些小片儿。

2.妈妈用4根筷子在桌上摆个"舞池"，然后把彩色小纸片儿放在舞池外四周。

3.带着宝宝把这些小纸片儿都吹到舞池里，欣赏彩色小纸片的翩翩起舞。

早教指南

通过练习让宝宝找着巧力吹纸片儿。另外，吹蜡烛、吹喇叭、吹哨子、吹泡泡等也都是很好的吹力训练，对宝宝口腔肌肉的发展有帮助。注意不要让宝宝玩筷子。

 **谁赢了**

教宝宝学"包子剪子锤"，伸手或出脚都行，谁赢谁就得一个小礼物，教宝宝反复感知三者之间的逻辑关系。

我爱玩球

● **游戏目的**

学接别人抛来的球，促进运动机能。

● **游戏准备**

小皮球。

● **游戏步骤**

1.接直抛球：站在宝宝1米远的地方，把球轻轻地抛向宝宝，请宝宝伸双手接住。

2.接反跳球：站在宝宝1米远的地方，把球轻轻地抛向地面，让宝宝接反跳起来的球。

早教指南

刚学接妈妈抛来的直抛球和反跳球时，宝宝只是僵硬地伸出双手等着球自动跳到手心里。宝宝多练习才能逐渐学会伸双手主动去接球。

 **垂直向上抛球**

教宝宝自己把球垂直向上抛出，等球快落下时再接住球。宝宝习惯把球斜向抛出去，教宝宝学会垂直向上抛球是关键。

运动游戏 YUNDONG YOUXI

跳荷叶

- ● **游戏目的**

    学习蹲跳和绕圈跳，锻炼宝宝四肢的协调性。

- ● **游戏准备**

    呼啦圈。

- ● **游戏步骤**

    1. 把呼啦圈放在地上做"荷叶"。和宝宝出"包子剪子锤"，谁输谁就学青蛙蹲跳和绕圈跳。

    2. 蹲跳：宝宝半蹲在呼啦圈外，起身跳到呼啦圈里，落地后仍半蹲着；然后再蹲跳着出来。

    3. 绕圈跳：请宝宝绕着呼啦圈跳一圈，边跳边数数，看跳几下能跳够一圈。

早教指南

    让宝宝想象自己变成了一只青蛙，然后"跳到荷叶上"或者"绕荷叶跳一圈"。提醒宝宝蹲跳前后都要呈半蹲的姿势。绕圈跳时，请宝宝边跳边数数，最后报出共跳了几下。

运动游戏 YUNDONG YOUXI

端水走直线

- ● **游戏目的**

    学习托球和端水走直线；练习脚跟碰脚尖走直线和蒙着眼走直线。

- ● **游戏准备**

    细绳、乒乓球、勺子、塑料碗（盛有少许水）。

- ● **游戏步骤**

    1.妈妈事先在地垫或地毯上拉直一根细绳。

    2.请宝宝用勺子托着一个乒乓球踩着线走，然后再两手端着一碗水踩线走。

    3.请宝宝复习脚跟碰脚尖地踩线走即tip – toe 走线，以及蒙着眼睛踩线走。

早教指南

    宝宝可以只穿袜子走线，最好赤脚走线。为了不让球掉出来或者水洒出来，同时又要保证脚踩着线走，宝宝需要上下两顾。有的宝宝能成功地走上几步，这已经很不错了。

松鼠搬核桃

● **游戏目的**

练习单脚跳。

● **游戏准备**

呼啦圈、核桃若干个。

● **游戏步骤**

1.把呼啦圈放在地上当松鼠洞，四周散放一些核桃。

2.请宝宝假想自己是小松鼠，要为过冬储存食物。每次请宝宝拣两个核桃，然后走近呼啦圈，单脚跳进去放下核桃，再单脚跳出来继续拣核桃。如此反复，将核桃全都搬进松鼠洞。

早教指南

32~33个月是单脚跳发展的关键期，之前宝宝的腿部没有力量，就是成人拉着手，单脚也跳不起来。现在有的宝宝每次能跳1~2下。平时要记着经常让宝宝单脚跳一跳。

 游戏拓展

长距离走和跑

32~33个月也是进入双腿力量发展的重要时期。经常让宝宝做长距离走和跑的运动，可以增强身体素质，促进腿部力量的增长。

踢球比赛

● **游戏目的**

学习用脚接球、带球踢球和定点踢球的技能；和宝宝比赛踢球，培养竞争意识。

● **游戏准备**

小皮球若干个、小木桩。

● **游戏步骤**

1.在宽敞的地方，妈妈用小木桩立个窄球门，宝宝站在远离球门的地方。妈妈向宝宝的方向将一个球贴地面滚过去，请宝宝用脚接住球，再带球踢到球门附近，最后瞄准球门射门。

2.在球门相对的方向再立一个球门，爸爸和宝宝每人一个球门。爸爸和宝宝比赛踢球，抢着接妈妈滚来的球，再把球踢进自己的球门。

早教指南

引导宝宝单脚接住地面滚来的球，再慢慢将球踢到球门附近，最后踢球入门。鼓励宝宝自己能将这几个动作连贯完成。

思维游戏 SIWEI YOUXI

救援电话

● **游戏目的**

对特殊号码和场景进行匹配；学习一些生活常识。

● **游戏准备**

铅笔。

● **游戏步骤**

1.请宝宝分别指认并读出图中的电话号码。

2.教宝宝了解特殊电话号码的意义，然后把 3 个电话号码（119 火警、120 救护、122 交通事故报警）与相应的场景对应连线。

早教指南

教宝宝简单了解什么场合下应该打什么电话，学习一些安全常识。宝宝对特殊号码的用途容易遗忘，要记着时常复习一下。

思维游戏 SIWEI YOUXI

谁会天上飞

● 游戏目的

对天上飞和水里游的事物进行分类；说出某类别的部分内容。

● 游戏准备

铅笔。

● 游戏步骤

1.请宝宝分别指出图中哪些会在天上飞，哪些会在水里游，并在旁边的圆圈里分别画上不同的符号。

2.启发宝宝说出更多的会天上飞和水里游的事物。

早教指南

2岁半的宝宝可以进行更为广泛的、按事物内在性质进行分类的游戏。以动物为例，可以按居住地将生活在水里、生活在树上、生活在洞穴等处的动物进行分类，也可以按行走速度将跑得快和跑得慢的动物进行分类，还可以按是否有发音器官将会唱歌和不会唱歌的动物进行分类，等等。这种分类游戏能帮助宝宝进一步了解事物的特征，了解同一事物具有不同方面的性质，按不同的性质会有不同的分类方法。

思维游戏 SIWEI YOUXI

几点做什么

● 游戏目的

　　了解一日主要生活的时间顺序；学习认整点；学习讲述图中一日生活的主要内容。

● 游戏准备

　　水彩笔。

● 游戏步骤

　　1.给宝宝讲一讲下图①中一日主要生活的时间顺序，教宝宝认识整点钟。

　　2.请宝宝讲一讲下图①中一日生活的内容。

　　3.引导宝宝按整点要求在下图②中添画时针。

早教指南

　　请宝宝看图讲一讲每个钟表显示的是几点，图中人物正在做什么事情，了解他的一日生活顺序。妈妈也可以结合宝宝自己的实际生活，按时间顺序讲一讲宝宝一日的主要生活内容，最好画上钟点图配合着给宝宝讲。

　　添画时针时，教宝宝从圆心处向指定的数字方向画直线，提醒宝宝时针要画得比分针短一些。注意不要让宝宝拿着笔到处跑着玩。

请画时针，使时间为3点。　　请画时针，使时间为6点。

思维游戏 SIWEI YOUXI

谁需要水和电

● **游戏目的**

　　根据内在联系找出相关事物。

● **游戏准备**

　　铅笔。

● **游戏步骤**

　　1.请宝宝分别圈出图中和水、电相关的事物。

　　2.启发宝宝分别说一说和水、电相关的还有哪些物品。

早教指南

　　先请宝宝自己用笔分别把需要水和电的物品圈起来，然后带着宝宝在周围环境中找一找，还有哪些东西需要水或电，如暖水袋、饮水机、加湿器需要水，电动狗、手电筒、手机需要电等，启发宝宝发现更多事物之间的内在联系，促使宝宝进行思考。

请你把需要水的物品圈起来。

请你把需要电的物品圈起来。

思维游戏 SIWEI YOUXI

四季的树

● **游戏目的**

认识四季的基本特征，并进行关联匹配。

● **游戏准备**

铅笔。

● **游戏步骤**

1.请宝宝分别指出春夏秋冬四季图，引导宝宝说一说每个季节的主要特征。

2.请宝宝把四棵树与四季图对应连线。

3.和宝宝讨论当下是什么季节并说出原因。

早教指南

宝宝短时间内凭机械记忆能记住四季，但容易出现反复，主要因为四季的时间周期太长，宝宝对四季概念的理解有一定困难。可以结合四季的图片和儿歌，时常让宝宝复习一下。

语言游戏 YUYAN YOUXI

多么可爱

● 游戏目的

学习富有感情地朗诵儿歌；学习描述人物的主要特征；说出与女孩有关的一些词语。

● 游戏步骤

1.教宝宝带有感情色彩地朗诵这首儿歌。

多么可爱

天空，天空，把门开开，我找太阳，请它快出来。

红太阳升起来，天空多么可爱。

花丛，花丛，把门开开，我找花仙子，请她快出来。

花仙子跳起了舞，女孩多么可爱。

2.请宝宝用语言描述他最喜欢图中的哪个女孩。

3.启发宝宝尽可能地说出与女孩有关的词语。

早教指南

妈妈要声情并茂地朗诵给宝宝听，教宝宝也富有感情地朗诵。有的宝宝能模仿成人的语气，带着感情背诵呢。

请宝宝说一说他最喜欢哪个花仙子，不能直接用手去指，而是要描述出来，引导宝宝学着从衣着、面部、头发、位置等方面描述人物，描述得越细致越好。然后启发宝宝说出与女孩有关的词语，如漂亮、美丽、可爱、甜美、裙子、花帽子、蝴蝶结、粉色、发夹、辫子、妞妞、丫头、白雪公主等，了解描述女孩可以用哪些词语。

春天是块大花布

● 游戏目的

朗诵表演儿歌《春天是块大花布》；学习写"信"，培养对书写文字的兴趣。

● 游戏准备

纱巾、白纸、铅笔。

● 游戏步骤

1.先给宝宝朗诵儿歌《春天是块大花布》。

春天是块大花布

桃花布,杏花布,（捏着纱巾的两角摇摆）

春天是块大花布。（向上一抖,把纱巾展开）

燕子姐姐剪呀剪,（伸食、中二指做剪的动作）

剪成美丽的花衣服。（动作同上）

娃娃穿上去唱歌,（纱巾蒙着头,摇摆身体）

妞妞穿上去跳舞。（动作同上）

唱呀唱，跳呀跳，（动作同上）

乐坏可爱的春姑姑。（慢慢拉下纱巾抛出）

2.请宝宝说一说春天的一些特征。

3.教宝宝用纱巾学习朗诵表演这首儿歌。

4.最后帮助宝宝在纸上用铅笔给春姑姑写封"信"。

早教指南

妈妈要富有感情地给宝宝朗诵这首儿歌，带着宝宝一起做动作，最后要求宝宝能自己一边背诵一边表演这首儿歌。

这时候的宝宝喜欢描画一些简单的汉字，只要宝宝有兴趣玩"写字"就很好。注意书写完毕要收回铅笔。

游戏拓展 继续学习绕口令

2岁半的宝宝能够自己背一些简单的绕口令。经常让宝宝背诵绕口令，可以预防口吃，增加口齿的灵活性。以下两则绕口令供参考：

《拾豆豆》：宝宝提兜拾豆豆，拾了红豆拾黄豆，豆豆又鼓又圆溜，宝宝拾豆拾一兜。

《吃荸荠》：荸荠有皮,皮上有泥。洗掉荸荠的泥，削去荸荠的皮，宝宝快来吃荸荠。

数学游戏 SHUXUE YOUXI

小飞机排排队

● 游戏目的

学习对 1~20 的数字进行排序；和妈妈一起折叠纸飞机。

● 游戏准备

铅笔、彩纸。

● 游戏步骤

1.请宝宝从 1 开始按数字顺序读图中飞机上的数字，遇到缺少的数字，就把对应的飞机连线到空缺的位置上。

2.和宝宝一起把彩纸简单折几下成一个

纸飞机。最好能折够 20 个纸飞机，在上面写上数字，请宝宝按数序把它们排排队。

早教指南

宝宝会熟练地背诵 1~20，但把 1~20 的数字排序，或者发现数字链中缺少了什么数字，需要的不仅是机械记忆力，还要想一想数字前后的位置关系，这比单纯背诵数字链有难度。

纸飞机叠好后，请宝宝把写有数字的纸飞机排序，每排排 10 个，让宝宝观察 1~10、11~20 两排数字，横着、竖着都读一读，引导宝宝发现数字重复和进位的规律。

 **数学游戏** SHUXUE YOUXI

看一看

● 游戏目的

目测一样多的集合，感知一样多的概念；学习用不同的方法表示数量。

● 游戏准备

铅笔。

● 游戏步骤

1.请宝宝用目测法，把图中上下两排数量相等的物品对应连线。

2.引导宝宝用不同的方法表示下排物品的数量，如说出数字，伸出手指表示，在方框中写下数字或点上相同数量的圆点等。

早教指南

宝宝直接在两排物品中连线会有困难，妈妈可引导宝宝逐一进行目测判断，如指着上排左边的物品，请宝宝在下排中找到与它数量相等的物品，然后进行连线。其余也按此法连线。

数学游戏　SHUXUE YOUXI

用餐

● **游戏目的**

学习点数较大数量的集合；学习简单的统计；学写数字。

● **游戏准备**

铅笔。

● **游戏步骤**

1.请宝宝统计下图中椅子、餐具和盘子的数量。

2.引导宝宝把数量分别写在对应的方框里。

数学游戏 SHUXUE YOUXI

包个大礼包

● **游戏目的**

用对应法比较两个集合是否一样多；学习两个两个地取物，感知 2 的数群概念。

● **游戏准备**

铅笔。

● **游戏步骤**

1.请宝宝把下图中的礼盒两个两个地圈起来，边圈边说："包个大礼包。"

2.引导宝宝把每个大礼包与女孩一对一连线，然后判断女孩和大礼包是否一样多。

早教指南

引导宝宝把礼盒两个两个地用笔圈起来，感知 2 的数群概念。然后请宝宝把大礼包与女孩对应连线，判断大礼包和女孩是否一样多。有的宝宝看不出是否一样多，妈妈可以慢慢启发宝宝："大礼包不多也不少，每个女孩都有，女孩和大礼包一样多。"

声势游戏 HENGSHI YOUXI

拇指姑娘

● **游戏目的**

感受音乐轻松明快的节奏；学习随节拍进行传球游戏。

● **游戏准备**

音乐《拇指姑娘》、乒乓球若干个。

● **游戏步骤**

1.妈妈和宝宝面对面坐好。

2.声势游戏：播放音乐，妈妈带领宝宝一起跟随音乐打强弱固定拍，即强拍拍手，弱拍拍腿，强弱交替着打拍子。

3.传球游戏：再次播放音乐，随音乐按大节拍做传球游戏。

早教指南

节奏传球时，妈妈可以喊着拍子"一、二、一、二"，加强宝宝对节拍的感知。喊"一"时宝宝从妈妈的手里拿一个乒乓球，喊"二"时交到爸爸的手里，如此反复，不慌不忙，按节拍做。

有的宝宝在妈妈喊着拍子的情况下，能按节拍有条不紊地传球，一旦成人不喊着拍子，就会手忙脚乱起来。节拍感的建立需要平时经常的练习，妈妈要时常抽出一点时间，和宝宝玩一玩以前学过的音乐游戏，包括乐器游戏、声势游戏和律动游戏，加强宝宝的节奏感。

泥塑游戏 NISU YOUXI

我的小钟表

● **游戏目的**

学习比较精细的泥塑技能；培养对泥塑的兴趣。

● **游戏准备**

橡皮泥。

● **游戏步骤**

1.请宝宝搓个大圆球再压扁作表盘。

2.引导宝宝搓几个小圆球粘压在表盘上做刻度；再搓两个短的细条，压扁后粘压在表盘上作指针。

3.妈妈帮助宝宝把捏好的表盘粘压在事先捏好的表体上。

早教指南

妈妈事先捏好表体，用牙签插入捏好的橡皮泥球，做钟表的铃铛和底座，然后引导宝宝捏塑和粘压表盘上的指针和刻度。

宝宝30个月龄后可以训练进行比较精细的粘贴和泥塑，促进宝宝手眼协调和手部肌肉控制能力的进一步发展。

👑 **泥塑游戏** NISU YOUXI

晴空下的大地

● **游戏目的**

学习泥塑画；学习用橡皮泥捏各种几何图形。

● **游戏准备**

橡皮泥、卡纸、直尺。

● **游戏步骤**

1.请宝宝用不同颜色的橡皮泥搓一些泥条，压几个圆饼和椭圆饼，再引导宝宝用直尺切几个长方形，并请宝宝说一说这些都是什么形状。

2.妈妈帮助宝宝把捏好的各种几何形按压在卡纸上，当街道、交通灯、汽车、树、太阳、云朵，等等。

🚩 **早教指南**

宝宝很喜欢用橡皮泥捏成各种形状，尤其喜欢用工具，如尺子、牙签等来辅助造型，但由于手的动作还不够协调和精准，还需要妈妈的帮助。

👑 **玩色游戏** WANSE YOUXI

小飞机飞呀飞

● **游戏目的**

学习纸版漏画；培养宝宝玩色的兴趣。

● **游戏准备**

卡纸、白纸、皱纹纸、颜料、调色盘。

● **游戏步骤**

1.妈妈先在卡纸上画一个飞机轮廓，再沿飞机轮廓剪下，把镂空的飞机卡纸放在另外的白纸上。

2.和宝宝一起用皱纹纸搓几个纸球，分别蘸不同的颜色，按压在镂空的飞机轮廓里。

3.移去卡纸，白纸上呈现的就是美丽的飞机了！

🚩 **早教指南**

教宝宝用纸球蘸色，在飞机轮廓里按压，把下面露出的白纸都印上颜色。可以印出单色的和多彩的飞机，让宝宝感受色彩的丰富。如果宝宝对纸版漏画感兴趣，妈妈还可以在卡纸上剪下别的图案，如各种水果轮廓，请宝宝印个水果"大联欢"。

纸工游戏 ZHIGONG YOUXI

小钟表滴答答

● 游戏目的

学习使用儿童剪刀剪圆形；粘贴钟表，认表盘。

● 游戏准备

彩纸、儿童剪刀、彩笔、胶棒。

● 游戏步骤

1.妈妈在彩纸上画一个直径约12厘米的圆形当钟表的表盘，在时间刻度处点上点儿。

2.请宝宝用儿童剪刀沿圆形线剪下表盘。

3.妈妈再剪出12个写有1~12数字的圆形纸片、一个短时针和一个长分针。

4.引导宝宝按照数字顺序在表盘上粘贴好12个数字，再把时针、分针粘贴成任意一个整点钟。

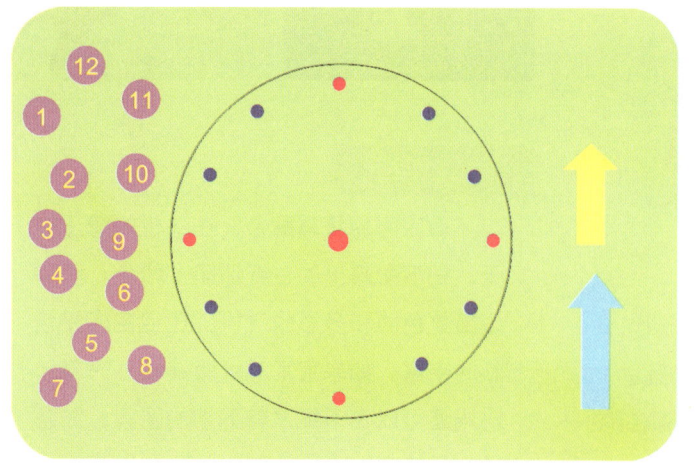

绘画游戏 HUIHUA YOUXI

布娃娃

● **游戏目的**

学习画人物画。

● **游戏准备**

布娃娃、水彩笔、白纸。

● **游戏步骤**

1.先让宝宝玩一玩他所有的布娃娃，问宝宝喜欢哪个娃娃，以及为什么喜欢。

2.请宝宝在纸上画出自己心目中的布娃娃，尽量画出细节。

早教指南

画布娃娃前，先启发宝宝想象他心中的布娃娃是什么样子的，如扎小辫还是散着头发，穿着裙子还是穿着裤子，等等。然后再让宝宝凭他的所知和所想画一个布娃娃。有的宝宝不喜欢玩娃娃，家里没有娃娃，可以让宝宝画一画他想象中的好朋友。

2岁半以后的宝宝能画出轮廓鲜明的"蝌蚪人"，但还十分粗糙。不管宝宝画得如何，只要宝宝乐意画人，能说出画的是什么就非常好。

绘画游戏 HUIHUA YOUXI

丰收一箩筐

● **游戏目的**

学习画命名画；培养画命名画的兴趣；户外写生。

● **游戏准备**

蜡笔或油画棒、白纸。

● **游戏步骤**

1.请宝宝想象他的小院里有什么丰收成果。

2.请宝宝选择喜欢的油性笔的颜色，在纸上画上他想要的丰收成果。画完请宝宝介绍一下。

早教指南

启发宝宝说出他的丰收成果具体是什么，如水果可以是苹果、梨，蔬菜可以是白菜、土豆，粮食可以是玉米、高粱等。可以画几个大筐，再在大筐里面画各种东西，也可以不限制宝宝，由宝宝自由涂鸦。丰收也不必限于秋天的产物，任何东西都可以由宝宝想象画出。

游戏拓展

写生去

天气好的时候，可以带宝宝到户外写生。画纸夹在硬皮杂志上就是小画板。只要宝宝乐意对着观察对象涂涂画画就好，如果还能看出画得有一点像，那就更棒了。

2岁7个月～2岁9个月宝宝智能档案

运动	感知觉	观察记忆	思维	数学
★ 能站在30～50厘米高处不扶往下跳 ★ 能手脚协调爬更高的攀登架，并会在高处自己转身再下来 ★ 会跟着成人按口令做轻器械操 ★ 能把球投中1～1.5米远的点状目标 ★ 自己能单脚跳起1～2下 ★ 会自己比较灵活地伸双手接住直抛过来的球	★ 能蒙眼赤脚走直线 ★ 能从10个大小不等的圆形中挑出任意指定的一个圆 ★ 能按深浅色将色卡排序 ★ 能按大、中、小或粗、中、细的顺序把物品从袋中摸出来 ★ 能对整点的钟表配对 ★ 知道事物前后侧面不同方向上的形态 ★ 能把三个物品按重量排序	★ 凭回忆能指出现图和原图有3～4处不同 ★ 会独自进行比较长的儿歌表演 ★ 能传递包含2～3个信息的口信儿 ★ 理解记忆和机械记忆大大提高，能记忆大量的儿歌、古诗、汉字和常识	★ 能在没有图片提示下直接猜谜语 ★ 能用语言简单描述事物的特征 ★ 对简单的常识能够判断对错 ★ 知道四季的典型特征并能进行相关的匹配	★ 会比较熟练地描数字 ★ 能按顺序排1～20个数字 ★ 能认整点钟 ★ 有时能写出比较规整的数字

语言	音乐	美术	社会交往	生活自理
★ 能自己背诵简单的绕口令 ★ 会嗓音模仿温柔、不耐烦、生气、吃惊等语气说话 ★ 会模仿成人的语气有感情地朗诵表演儿歌 ★ 能自己从头至尾翻看一本图画书 ★ 会边看边讲经常看的图画书	★ 2岁半左右开始喜欢歌表演即边唱边表演 ★ 会唱更多的歌，有的能唱十几首 ★ 能和成人一起做有较多情节变化的音乐动作 ★ 能自己完整地唱较长的歌曲 ★ 喜欢自己改动歌词"老歌新唱" ★ 会唱通俗歌曲、英文歌曲，虽然旋律、歌词不清晰 ★ 会跟着乐器伴奏唱歌 ★ 会哼上一小段名曲	★ 能粘贴比较细小的图形，如蜜蜂的黑白眼珠 ★ 能和妈妈一起玩比较精细的捏塑活动 ★ 户外"写生"能画出大致的轮廓	★ 喜欢与人交往和表现自己 ★ 能说出简单的看法和理由 ★ 2岁半后开始关心他人的情绪和事情 ★ 2～3岁是幼儿自我身份确认的萌芽期，喜欢在歌词或故事中换上自己的名字	★ 会穿不系扣的衣裤（能分清反正面和前后面），会叠自己的小衣服，会自己清洗玩具，能和大人一起照顾盆栽和小动物，能帮助大人洗餐具、对垃圾分类等

第**12**章

2岁10个月~3岁
亲子早教游戏

母子舞会

感觉游戏 GANJUE YOUXI

宝宝冲淋浴

● 游戏目的

训练视觉追踪能力；教育宝宝要讲卫生。

● 游戏步骤

1.请宝宝伸出手指，分别从下图中的箭头出发，沿线找一找每根水管对应的是哪个冲淋浴的宝宝。

2.和宝宝聊一聊怎样做讲卫生的好宝宝。

> **早教指南**
>
> 快3岁的宝宝视觉追踪能力已发展得比较好，能自己用手指沿比较复杂的路线找到对应的目标。宝宝的注意力比较集中，具有一定的视觉抗干扰能力，路线交叉的地方也难不倒宝宝，基本上能比较顺利地找到目标。
>
> 和宝宝谈论一下讲卫生的话题，启发宝宝日常生活中哪些行为是讲卫生的好行为，如勤洗澡、勤换衣、勤剪指甲、饭前便后要洗手、用手帕或手纸巾擦鼻涕、不随地扔东西等，让宝宝做一个讲卫生的健康宝宝。

感觉游戏　GANJUE YOUXI

声音来配对

运动游戏　YUNDONG YOUXI

听从指令

● 游戏目的

听辨音质；学习根据音质对声音进行配对。

● 游戏准备

自制音筒（每组 5 个，共 2 组）。

● 游戏步骤

1. 妈妈和宝宝每人一组音筒。妈妈拿出任意一个音筒，宝宝听声音从自己的音筒中也拿出同样音质的音筒。

2. 把两组音筒放在宝宝面前，引导宝宝把相同音质的两个音筒排在一起。

> **早教指南**
>
> 妈妈把 10 个完全相同的不透明的瓶子均分为两组，各贴上红绿标签以示区别。每组 5 个瓶内分别装入不同的东西，如花生米、花椒、大米等，做成两组音筒。注意两组装有相同东西的瓶子要一样重才能确保音质相同。引导宝宝以一组为基准，分别从另一组中找到与基准组每个音筒具有相同音质的音筒，并排放好。

● 游戏目的

看旗语走路；学习在各种符号之间进行转化。

● 游戏准备

小旗子。

● 游戏步骤

1. 先和宝宝约定旗子舞动代表的意义，如向左挥代表向左走，向右挥代表向右走，向上举代表绕圈走，放下旗子代表停下。

2. 和宝宝出"包子剪子锤"，谁赢谁就做挥旗人，谁输谁就看旗走路。

> **早教指南**
>
> 动作、手势、声音、图形等都可以是符号，代表一定的意义，在符号与意义之间进行转化，可以促进思维转化的灵活性。先要让宝宝明白几种挥旗符号所代表的意义，然后再开始游戏。

小兔子蹦蹦跳

● **游戏目的**

做各种花样的蹦跳和行走；和宝宝进行运动比赛，培养竞争意识。

● **游戏准备**

呼啦圈。

● **游戏步骤**

1.把呼啦圈放在地上做"菜园子"。请宝宝扮小兔子围着"菜园子"蹦跳，每次蹦跳要不同。

2.再把呼啦圈当作"鱼塘"，请宝宝扮小猫咪绕着"鱼塘"走，每次走路的方法要不同。

3.和宝宝比赛各种形式的走路和蹦跳。

早教指南

启发宝宝想出不同的蹦跳方法，如双脚跳、单脚跳、倒着跳、半蹲着跳、腿夹着小毛绒玩具跳、抱着大毛绒玩具跳等。同样，启发宝宝想出不同的绕圈走的方法，如正常走、倒着走、托球走、踮脚尖走、半蹲着走等。

过河办法多

● **游戏目的**

想出不同的过河方法；模仿各种动物过河的动作；学习单足连续跳。

● **游戏准备**

毛绒玩具、日常用品（如细绳、毛巾、水盆、枕头、小鸟和乌龟玩具等）。

● **游戏步骤**

1.把客厅当成"河"，拉一根细绳贯穿客厅当"独木桥"。启发宝宝想出不同的办法送毛绒动物"过河"。

2.请宝宝模仿鸭子、蛇、小狗、青蛙等动物过河的动作。

3.学习单脚连续跳，先拉着宝宝的手跳，后放手让宝宝自己跳，看宝宝能否连续跳3～4下。

早教指南

鼓励宝宝先自己想办法过河，如果有困难，妈妈再适当提示身体和物品都可以用来过河。以下过河方法供参考：过桥（踩线）、划船（坐爬）、驮过河（手膝爬行）、游泳（模仿各种游泳姿势）、坐气垫船（枕头）过河、鸟驮过河（小鸟玩具）等。

運動游戏　YUNDONG YOUXI

命令反执行

● 游戏目的

学习命令反向执行。

● 游戏准备

手摇铃。

● 游戏步骤

1.妈妈下达命令，请宝宝做出与命令相反的动作："向前走一走，向后跳一跳。请你站起来，请你坐下去。举起你的右手，跺跺你的左脚。跑起来，不许动！"

2.请宝宝手拿一对手摇铃，妈妈下达另一个命令，请宝宝反向执行："摇啊摇，小铃铛，高处摇，低处晃，左边摇，右边响，远处敲，近处碰，有时快，有时慢，有时轻，有时响。停！"

早教指南

先让宝宝明白命令反着做的意思，妈妈可做示范，说站但却坐下，说坐反而站起。妈妈的命令要说得慢一些，让宝宝有充分的反应时间。如果宝宝犹豫或直接照做，妈妈再提醒："反着怎么做呢？"

有的宝宝做起来有困难，可以先做向前走、向后走、站起、坐下的相反动作，不要一下子做太多，等宝宝明白什么是反着做动作之后，再配合着儿歌进行。

運動游戏　YUNDONG YOUXI

玩转小皮球

● 游戏目的

学习踢运动着的球；远距离定点投球；连续拍球。

● 游戏准备

小皮球、小木桩、一个大些的毛绒玩具。

● 游戏步骤

1.立两个小木桩或其他东西摆成球门，宝宝站在球门不远处。妈妈对着宝宝把球慢慢地贴地面滚过去，请宝宝就势踢球入门。

2.宝宝先用双手连续拍皮球，再学习单手连续拍皮球。注意左右手要分别练习拍皮球。

3.请宝宝对着1.5 ~ 2米远的一个大些的毛绒玩具投球。

早教指南

妈妈站在宝宝的近处将球慢速抛出，教宝宝直接将滚动着的球踢入球门。平时有空儿多让宝宝练习拍皮球，可以结合着拍皮球的儿歌，增加拍球的乐趣。

游戏拓展　全家一起来玩球

3岁的宝宝喜欢玩球，也会多种的玩法。在户外，全家人一起做各种传球、投球和踢球的游戏，其乐融融。

运动游戏 YUNDONG YOUXI

运皮球

● 游戏目的

学习用纱巾送球，锻炼身体平衡能力。

● 游戏准备

纱巾、小皮球、系皮筋的小木桩若干个。

● 游戏步骤

1.妈妈和宝宝一起用纱巾抬着小皮球。

2.妈妈和宝宝拉着纱巾，先蹲着走，再起身双脚跳，最后跨过皮筋障碍，一路上球不能掉下来。

早教指南

一路上妈妈要照顾到宝宝的身高，把纱巾放低一些和宝宝平拉着纱巾，配合着宝宝的速度和动作，尽量不让球从纱巾上掉下。

游戏拓展

听鼓声

妈妈敲鼓，宝宝抱球做动作。事先和宝宝约定，轻敲鼓走，重敲鼓跑，敲鼓边缘要跳，鼓声停则站住抛球。多玩各种符号转化游戏可促进宝宝思维的转化能力。

运动游戏 YUNDONG YOUXI

小球入洞

● 游戏目的

用棒将球打入狭窄目标，锻炼手眼协调能力。

● 游戏准备

皮球、木棒、木桩。

● 游戏步骤

1.在地上用小木桩设立一个20厘米宽的小球门，把一只小皮球放在远离球门的地方。

2.请宝宝用木棒把远处的小皮球打入球门。

早教指南

宝宝会自己摸索着先慢慢把球打到球门附近，再小心地将球打进球门。因球门又窄又远，需要宝宝很好地控制上肢运动的方向和力度。

游戏拓展

吹入洞门

在桌面上用丝网和纸盒做个小球门，和宝宝一起把羽毛或棉花团儿吹进球门。根据实际情况，调整羽毛或棉花团儿离球门的距离。

穿外衣

● **游戏目的**

为纸盒的 6 个面贴纸，感知立体形与平面形的对应关系；书写数字，感知纸盒由几个面组成。

● **游戏准备**

方形纸盒、6 张彩纸（与纸盒的 6 个面同大小）、剪刀、胶棒、铅笔、任意的不干胶贴画。

● **游戏步骤**

1. 请宝宝给纸盒"穿外衣"，把 6 张彩纸分别粘贴在纸盒的上下、左右、前后面上。

2. 妈妈把方形纸盒拆成平面，引导宝宝在每个面上写上数字，看一看盒子共有几个面，然后再还原成立体的盒子。

● **早教指南**

游戏过程中让宝宝感知到平面形和立体形之间可以转化即可。还可以另把剪好的 6 张平面图形放在桌子上，帮助宝宝用小贴画的胶面把每两个面的结合处粘好，再将平面形包合起来，做成一个空心的长方体。

谁更重

● **游戏目的**

学习按重量差异进行排序；看图分辨轻重，提高知觉水平和推理能力。

● **游戏准备**

自制重量筒 5 个（重量筒可以用 5 个不透明的瓶子装有不等量的大米或豆类做成，各个瓶子的重量要有阶梯差异）。

● **游戏步骤**

1. 请宝宝用手两两掂量重量筒，引导宝宝把 5 个重量筒按轻重顺序排队。

2. 请宝宝判断图中哪只动物更重些，就把它圈起来。

● **早教指南**

宝宝在生活中通过身体参与和动作操作，比较容易感知重量，但看图判断轻重，还需要推理和分析。平时可以多让宝宝在实际操作中感受物体的轻重。

知觉游戏 ZHIJUE YOUXI

谁快谁慢

请宝宝为物体排序时，可以先让宝宝说出两端的事物，如最快和最慢的，然后再引导宝宝按顺序把3个物体指出来。另外教宝宝学习对中间事物的表达方法，如第二快、比较快。

归纳各组事物的类别时，注意宝宝是否只说每个物品的名字而不是类别的名称。帮助宝宝总结各组事物的类别特征，说出类别的名字。

● 游戏目的

学习按速度、温度和重量为物体排序；用语言说出事物的类别名称。

● 游戏步骤

1.引导宝宝按各图的顺序要求指出事物。

2.请宝宝说一说各图的物品都是什么类别。

按速度快慢，指一指跑得第一快的、第二快的和最慢的。

按暖和的程度，指一指最暖和的、比较暖和的和最凉快的。

按重量大小，指一指最重的、比较重的和最轻的。

住哪座小房子

● **游戏目的**

感知图形的组合；感知立体形与平面形的对应关系；欣赏图案并学着说出喜欢的理由。

● **游戏步骤**

1.引导宝宝找一找图中两座小房子里都有什么平面图形，并说出这些平面图形的名字。

2.请宝宝选一座喜欢的房子并说出理由。

早教指南

先请宝宝自己说一说每个房子都有哪些平面图形，说不全或者说错，妈妈再去引导和纠正。鼓励宝宝说出他喜欢房子的理由，妈妈可以从颜色、形状、楼层等方面启发宝宝。

知觉游戏 ZHIJUE YOUXI

完整的地球

● 游戏目的

感知圆形组合；知道我们居住在地球上，要爱护地球。

● 游戏步骤

1. 请宝宝把图中等号右边组成地球的3个拼块圈起来，使拼块能拼合成完整的地球。

2. 妈妈自制圆形卡片，从圆心处任意切分几块，请宝宝动手拼合，将拼块拼合成一个完整的圆。

早教指南

给宝宝简单讲一讲我们居住在地球上，地球是全世界共同的家园，要爱护地球。

先让宝宝自己圈地球拼块。如果宝宝做起来有困难，可以引导宝宝先找到半圆，再引导宝宝寻找另外可以拼成半圆的拼块，提示大扇形和小扇形可以合成半圆，两个四分之一的圆合起来也是一个半圆。

宝宝目测拼圆比实际动手拼圆难度要大。为此妈妈可以自制几幅圆形拼块，让宝宝在动手拼摆的过程中，通过尝试错误法自己找出能拼成圆形的拼块。

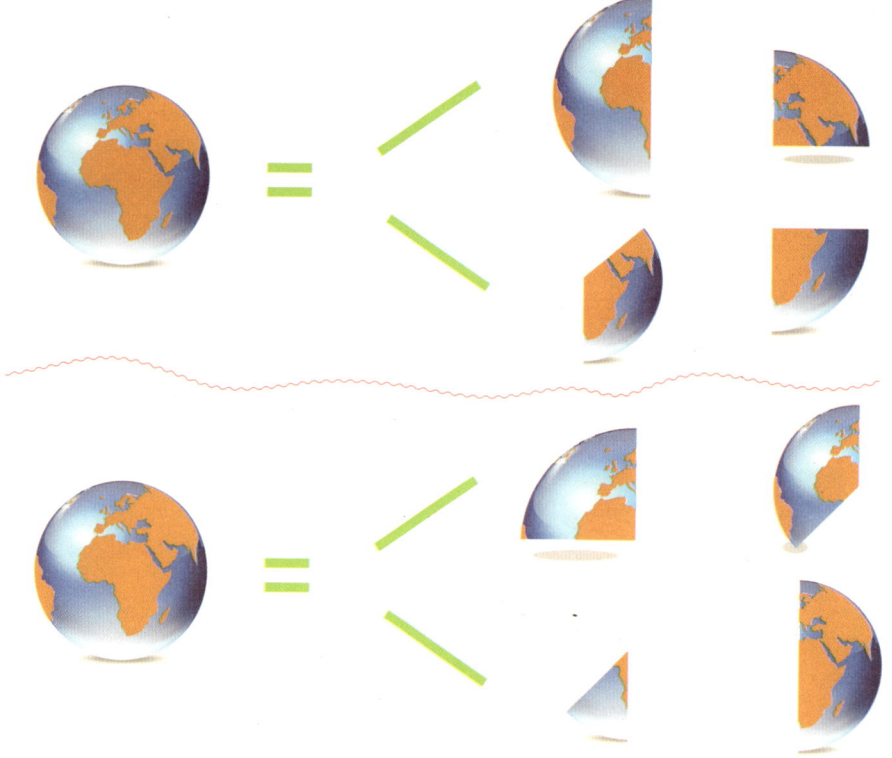

白蛇传

● **游戏目的**

训练有意再认记忆；感受左、中、右位置的变化。

● **游戏准备**

铅笔。

● **游戏步骤**

1.请宝宝注意看左上图，指一指左、中、右的人物都是谁（左、中、右分别为小青、白娘子和许仙）。

2.盖住左上图，请宝宝凭回忆找到其他图中与左上图一样的图，并在旁边的圆圈里画钩。引导宝宝观察另两张图中3个人物的位置变化。

观察游戏 GUANCHA YOUXI

少了什么

● 游戏目的

了解常见事物的结构特征；通过细节观察和推理找出缺少的部分。

● 游戏准备

铅笔。

● 游戏步骤

1.请宝宝找出图中每样物品少了什么。

2.引导宝宝为每样物品添上缺少的部分。

早教指南

图中的每样东西都有缺少的部分，请宝宝仔细观察。如果宝宝观察不出，妈妈可提示该物品的结构特征，让宝宝根据结构特征再来观察。

例如，妈妈可以这样引导："花都有什么呀？有花朵、有茎、有叶，看看这盆花少了什么？"又如这样启发宝宝："眼镜有几条腿呀？有左右两条腿。你来指指这个眼镜的腿怎么样呀？"如果宝宝还是看不出少了什么，可以让宝宝观察一下真实的盆花和眼镜，了解实物的结构或组成，再来找一找图中的物品少了哪里。

观察游戏　GUANCHA YOUXI

讲卫生的小猪

● **游戏目的**

　　学习把图形转化为符号，提高观察和思维能力。

● **游戏准备**

　　铅笔。

● **游戏步骤**

　　1.请宝宝先指一指上面格图里的哪些小猪讲卫生，哪些小猪不讲卫生。

　　2.向宝宝讲明讲卫生的猪和不讲卫生的猪分别用什么符号表示，然后请宝宝根据上面格图里小猪的位置，在下面格图对应的格子里画上相应的符号。

早教指南

　　教宝宝用对比观察的方法，找出两个格图中位置相对应的格子。关键要让宝宝明白不同符号代表的是什么含义。

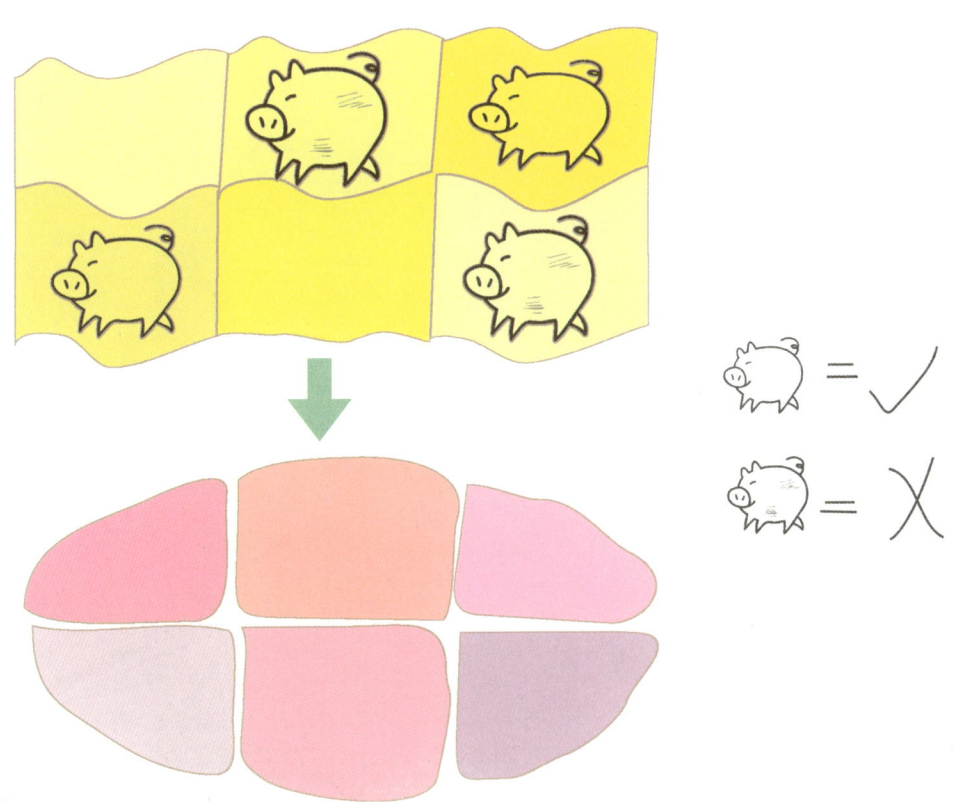

思维游戏 SIWEI YOUXI

长颈鹿的音乐

● **游戏目的**

无图提示下猜谜；学习拼切分成 9 块的拼图。

● **游戏准备**

铅笔。

● **游戏步骤**

1. 妈妈念谜语，请宝宝猜一猜这是什么乐器。

"白娃黑娃朋友多，列队整齐不站错，只要指头点呀点，所有娃娃会唱歌。"

2. 引导宝宝判断拼图缺块，将缺块进行连线。

3. 请宝宝说一说图中的长颈鹿在用什么乐器演奏音乐。

早教指南

33 ～ 34 个月的宝宝能够在没有图片的提示下，直接猜出简单的谜语，像谜底是伞、鼻子、彩虹、人影、筷子、气球等都能猜出。妈妈可以说出更多的谜语让宝宝直接猜。

2 岁半后，由于观察、推理、空间知觉等能力的发展，宝宝的拼图能力会有较快的发展，但个体之间的差异比较大。33 ～ 34 个月的宝宝通常能拼 6 ～ 9 块凸凹相间的拼图，有的宝宝能拼十几块。平时让宝宝多玩一玩拼图。

思维游戏 SIWEI YOUXI

小兔子走迷宫

● **游戏目的**

学习走迷宫；认识几种运动比赛；学习运笔画轮廓和描画汉字轮廓。

● **游戏准备**

铅笔。

● **游戏步骤**

1.先让宝宝认识一下图中所有的运动。

2.请宝宝伸出手指从小兔子出发，只走有球类运动的路，最后走到高尔夫球场地。

3.再请宝宝用铅笔沿正确的路径多画几遍。

早教指南

鼓励宝宝自己伸手指走迷宫。如果宝宝有困难，妈妈可以引导宝宝在每个岔口进行选择。

宝宝现在沿曲线运笔已经很流畅了，妈妈平时可以让宝宝描一些字体比较大、笔画简单的汉字，促进宝宝书写能力的发展。

思维游戏 SIWEI YOUXI

谁进错了门

走错了门，它们是谁呢？"启发宝宝把各组中不同的事物圈起来。

2.请宝宝说出各组没圈到的事物属什么类别。

● 游戏目的

根据不同的分类标准进行求异分类；学习归纳某类事物的特征。

● 游戏准备

铅笔。

● 游戏步骤

1.妈妈对宝宝说："一样的物品才能进同一个门。有的物品犯迷糊了，

早教指南

圈不同的物品时，妈妈注意不要说出要圈起谁，如不要说"把不是交通工具的东西圈起来"，只可以说"看看谁和别人不一样，就把它圈起来吧"。鼓励宝宝自己判断出每组的异类对象。这对有的宝宝来说不太容易，妈妈要给宝宝思考的时间。提醒宝宝要说各组没圈到的事物的类别名称，不要说事物具体的名字。

思维游戏 SIWEI YOUXI

找出来

● **游戏目的**

学习分析事物之间的关系，锻炼思维能力。

● **游戏准备**

铅笔。

● **游戏步骤**

1.请宝宝按各图的要求把有关物品全部找出来，并用笔圈上圈儿。

2.和宝宝一起讨论各图中的每样事物为什么与主题有关或无关。

早教指南

先请宝宝自己圈出有关的物品，看看宝宝能找对多少。如果宝宝有遗漏或选错，可提示宝宝说一说这些物品的用途，再做选择。

我长大了

● **游戏目的**

了解人的成长过程并排序；讲述人的成长过程。

● **游戏准备**

家庭相册。

● **游戏步骤**

1.鼓励宝宝看图讲一讲人长大的几个阶段。

2.引导宝宝按照人从小到大再到老的顺序，在旁边的方框里写上序号。

3.翻开家庭相册，给宝宝看爸爸、妈妈成长的照片，让宝宝对人的成长过程有所感知。

早教指南

这个游戏可以帮助宝宝了解自我的成长，增进自我意识。先给宝宝简单讲一讲人成长的几个过程，让宝宝有所了解，再开始这个游戏。妈妈也可以故意说错人的成长顺序，看宝宝能否发现并纠正。

除了讲爸爸妈妈成长的照片外，还可以把宝宝各个时期的照片挑选一些，讲一讲宝宝的成长过程：宝宝出生了，宝宝周岁了，宝宝会跑、会自己吃饭、会读书了等，让宝宝感知他是如何长大的。

语言游戏 YUYAN YOUXI

梦

● 游戏目的

富有感情地朗诵儿歌；引导宝宝创编儿歌；学习叠音词，感受语言的韵律美和节奏美。

● 游戏步骤

1.请宝宝看图，妈妈富有感情地朗诵儿歌《梦》，启发宝宝体会儿歌所表达的温馨与静谧的意境。

梦（陈丽波）

星星在天空中睡觉，做着亮晶晶的梦。

露珠在荷叶上睡觉，做着绿莹莹的梦。

蝴蝶在花丛里睡觉，做着香喷喷的梦。

宝宝在小床上睡觉，做着甜滋滋的梦。

2.请宝宝回答星星、露珠、蝴蝶和宝宝都在哪里睡觉，做着什么梦，帮助宝宝理解儿歌。

3.教宝宝带有感情色彩地朗诵这首儿歌。

4.仿照这首儿歌的形式，引导宝宝进行创编。

5.教宝宝学习儿歌里的叠音词"亮晶晶、绿莹莹、香喷喷、甜滋滋"。

早教指南

引导宝宝仿照这首儿歌进行创编，如"小摇马在屋角睡觉，做着孤单单的梦""布娃娃在沙发上睡觉，做着暖和和的梦""红苹果在树上睡觉，做着沉甸甸的梦"，等等。3岁的宝宝会背诵很多儿歌，积累了大量的儿歌素材，可以引导宝宝多进行仿编儿歌的游戏。

2岁半~3岁的宝宝很喜欢叠音词，对语音的节奏非常敏感。教宝宝挑出这首儿歌里的叠音词，感受叠音词的趣味。平时还可以教宝宝更多的叠音词，可以先学习ABB型的叠音词，如大米白花花、花儿红艳艳、蛋糕香喷喷、蜜枣甜丝丝、麦苗绿油油、宝宝笑嘻嘻、乌云黑沉沉、屋里乱糟糟、小手脏兮兮，等等。妈妈可以说前面的名词，请宝宝对出后面的叠音词。

语言游戏 YUYAN YOUXI

春天打翻了

● 游戏目的

练习有感情地朗诵儿歌，体会儿歌所传达的浓浓春意；和宝宝一起阅读简短的配图文字。

● 游戏步骤

1.和宝宝一起阅读图中所配的文字。

2.教宝宝富有感情地朗诵这首儿歌，鼓励宝宝自己能有感情地进行朗诵。

早教指南

这首儿歌选自张晓风的《春》。先和宝宝一起阅读图中所配的文字，妈妈用手指逐字点着，和宝宝一起阅读，请宝宝指出儿歌中认得的字。平时和宝宝多读一些简单的图配文的书，教宝宝在阅读中慢慢学习认字。

春天打翻了

春天打翻了 滚得漫山遍野的花

花儿打翻了 滴得到处都是清香

清香打翻了 散成一队队的风

风儿打翻了 飘入我小小沉沉的梦

游戏拓展

学说反语

妈妈可以挑一些有趣的句子让宝宝说反语。妈妈说一句话，请宝宝对出相反意思的话，如妈妈说"大牛站前边"，宝宝对"小牛站后边"；妈妈说"胖子开门"，宝宝对"瘦子关门"等。有的宝宝会直接加上"不"来表示反义词，如把"高兴"的反义词说成"不高兴"，把"上楼"的反义词说成"不上楼"，要注意纠正。

数学游戏 SHUXUE YOUXI

动物音乐会

● **游戏目的**

目测一样多的集合；认识一些民族乐器。

● **游戏准备**

蜡笔或油画棒。

● **游戏步骤**

1.先请宝宝目测判断图中上排的乐器有几个，再和下排数量相同的动物和乐器对应连线。

2.引导宝宝用圆圈涂色的方法表示下排动物的数量，使涂色的圆圈和动物的数量一样多。

早教指南

连线前，先请宝宝目测并说出上排的古筝、埙和琵琶各有几个，下排的动物各有几个，如果目测不出，再通过点数来判断。该月龄有的宝宝能准确目测并说出 5 以内不同物群的数量，目测能力还是比较好的。

为一样多的圆圈涂色时，提醒宝宝记住动物的数量。宝宝往往只顾涂色，忘记要涂几个。

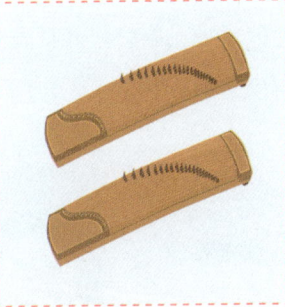

泥塑游戏 NISU YOUXI

捏个"我"

● 游戏目的

学习比较精细地捏塑人物。

● 游戏准备

橡皮泥。

● 游戏步骤

1.引导宝宝搓两个大圆球粘压在一起做头和身体,再搓几个小圆球粘压在面部做五官。

2.请宝宝压个泥片并捏几个泥条。妈妈用剪刀把泥片剪出几道做刘海儿。

3.引导宝宝把刘海儿安在一个泥人的头上做小男孩,把泥条拧成麻花安在另一个泥人的头上做小女孩。

早教指南

先请宝宝说说自己是男孩还是女孩,再做泥塑活动。粘贴五官和头发属于比较精细的泥塑活动,不管宝宝捏得如何,都要表扬宝宝哟。

纸工游戏 ZHIGONG YOUXI

小狗汪汪汪

● 游戏目的

学习简单的折纸;为折纸进行添画。

● 游戏准备

裁成正方形的彩纸、水彩笔。

● 游戏步骤

1.请宝宝把几张正方形彩纸沿对角线折好。

2.妈妈帮助宝宝把两边的小三角折起来。

3.请宝宝在折好的纸上画出猫和狗的五官。

早教指南

这是一个传统的折纸游戏,适合小宝宝来玩。要求宝宝自己能把正方形纸沿对角线比较整齐地对折。妈妈可以指导宝宝把两边的小三角折向不同的方向,变成猫头和狗头。最后请宝宝在折好的纸上画上小猫脸和小狗脸。

玩色游戏 WANSE YOUXI

拓印画

● **游戏目的**

学习玩拓印画；培养宝宝玩拓印画的兴趣。

● **游戏准备**

几种树叶、白纸或彩纸、卡纸、蜡笔或油画棒。

● **游戏步骤**

1.教宝宝把纸放在树叶上面，然后平拿着油性笔，在纸上来回涂划，印出叶子的脉络。

2.妈妈把宝宝的拓印作品剪下，做成各种装饰品，激发宝宝拓印的兴趣。

早教指南

妈妈和宝宝事先去拣一些树叶，把树叶擦洗干净做好准备。教宝宝平着拿笔，用些力气来回涂划。请宝宝自己试一试用树叶的正面还是反面可以拓印出清晰的纹理。鼓励宝宝耐心地拓印，直到把下面整个纹理都显现出来。妈妈还可以用其他一些纹理凸凹明显的物品如硬币、纪念币等教宝宝拓印。

绘画游戏 HUIHUA YOUXI

生日蛋糕

● **游戏目的**

学画观察画。

● **游戏准备**

蛋糕或蛋糕图片、蜡笔或油画棒。

● **游戏步骤**

1.请宝宝观察蛋糕图片或真实的蛋糕，然后在白纸上画出蛋糕和装饰细节，再画几根蜡烛。

2.请宝宝用油性笔为蛋糕和蜡烛涂上好看的颜色。

早教指南

最好能在游戏前带宝宝到蛋糕房观察各种蛋糕。引导宝宝观察蛋糕，特别是蛋糕上面的图案细节，如水果片、奶油花、巧克力碎屑等。宝宝可以照着蛋糕画或者画自己想象中的蛋糕。提醒宝宝该过几岁生日，就画上几根蜡烛。最后请宝宝为生日蛋糕涂上好看的颜色。

2岁10个月~3岁宝宝智能档案

运动	感知觉	观察记忆	思维	数学
★ 能单手投球3米远	★ 知道3个常见事物的快慢顺序	★ 能观察出更多的事物多了什么或少了什么	★ 能拼切分9块甚至更多块的拼图	★ 能点数10个排成排的物品
★ 会站在1米左右处扔套圈	★ 能一次听辨3个声音	★ 能记住更多故事的细节来回答问题	★ 喜欢出各种题让成人猜和回答	★ 能取5~6个甚至更多的物品
★ 运动中的竞争与合作意识比之前更强	★ 能说出一些深浅色和复色的名字	★ 对一些细节如位置、程序、颜色、动作等能察觉出变化	★ 能自己说出几个事物都归于哪一类	★ 能看表说出整点
★ 能跳过10~15厘米高的障碍物	★ 喜欢玩五巧板，有的能玩七巧板	★ 能模仿成人用几块积木搭建的造型	★ 会对事物进行简单的推理分析，能说出一些原因	★ 会下棋、打牌和认半点钟
★ 能单足连续跳4下		★ 能在两图之间找出更多的不同之处	★ 能直接猜对不少谜语	★ 会唱数和排数至50甚至更多
★ 能把球投中2米内的点状目标		★ 能复述较长的故事		
★ 会连续拍几下球				

语言	音乐	美术	社会交往	生活自理
★ 会写一些简单的汉字	★ 能比较协调地和他人一起进行节奏传球	★ 会折很简单的折纸	★ 分不清现实与自我想象，有"说谎"和"胡言乱语"现象	★ 吃饭能少撒饭菜，会不熟练地从下往上系扣子，会洗手绢、袜子和娃娃衣服并在大人帮助下晾好，会用纸擦屁股，会收拾自己的东西如小书包、小书架、玩具箱、洗具包，知道一些安全常识（如不和陌生人交往，外出不乱跑，遵守交通规则等）
★ 喜欢听较长篇幅的故事	★ 能听辨两支乐曲的情绪是轻盈还是沉重	★ 能画出线条更丰富的涂鸦作品，并讲出画的内容	★ 能玩简单的合作性游戏，即与他人共玩玩具或游戏，有初步的分工，能遵守简单的游戏规则	
★ 喜欢玩语言游戏如说反话、说叠词	★ 会有表情地进行简单的歌表演	★ 会画粗糙的方形和三角形		
★ 能背诵很多儿歌和古诗	★ 能跟上节奏快的音乐做动作	★ 能简单说出好看的理由	★ 处理人际交往中的矛盾主要是肢体冲突而不是语言交流	
★ 能够阅读配有少量文字的图画	★ 能更协调地同时做上下肢2个联合动作			
★ 能感受到儿歌的特殊语言形式如连锁、问答等	★ 能自己根据音乐情境创编几个很简单的动作			

图书在版编目（CIP）数据

陪宝宝玩到入园 / 杨霞编著. -- 成都 : 四川科学技术出版社，
2018.10 (2019.9重印)
　ISBN 978-7-5364-9161-8

　I. ①陪… II. ①杨… III. ①游戏课—学前教育—教学参考资料
IV. ①G613.7

中国版本图书馆CIP数据核字（2018）第194270号

陪宝宝玩到入园
PEIBAOBAO WANDAO RUYUAN

出 品 人　钱丹凝
编 著 者　杨　霞
责 任 编 辑　梅　红
封 面 设 计　高　婷
责 任 出 版　欧晓春
出 版 发 行　四川科学技术出版社
　　　　　　地址　成都市槐树街2号　　邮政编码　610031
　　　　　　官方微博　http://e.weibo.com/sckjcbs
　　　　　　官方微信公众号　sckjcbs
　　　　　　传真　028-87734035
成 品 尺 寸　190mm×240mm
印 　 张　18
字 　 数　300千
印 　 刷　天津市光明印务有限公司
版次/印次　2018年10月第1版　2019年9月第4次印刷
定 　 价　38.80元